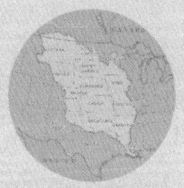

닮고 싶은 창의융합 인재
⑤ 토머스 제퍼슨

닮고 싶은 창의융합 인재
⑤ 토머스 제퍼슨

1판 1쇄 인쇄 2016년 10월 10일
1판 1쇄 발행 2016년 10월 20일

송치중 글 | 윤희동 그림 | 손영운 기획 | 와이즈만 영재교육연구소 감수

발행처 와이즈만 BOOKs
발행인 임국진
편집인 염만숙
출판문화사업본부장 홍장희
편집 이선아 오성임 서은영 김익선
디자인 D_cause
제작 김한석
마케팅 김혜원 전소민 유병준

출판등록 1998년 7월 23일 제1998-000170
사용 연령 8세 이상
제조국 대한민국
주소 서울특별시 서초구 남부순환로 2219 방배나노빌딩 3층
전화 마케팅 02-2033-8987 편집 02-2033-8928
팩스 02-3474-1411
전자우편 books@askwhy.co.kr
홈페이지 books.askwhy.co.kr

저작권자 ⓒ2016 송치중 윤희동 손영운
이 책의 저작권은 송치중, 윤희동, 손영운에게 있습니다.
저자와 출판사의 허락 없이 내용의 일부를 인용하거나 발췌하는 것을 금합니다.

이 도서의 국립중앙도서관 출판시도서목록(CIP)은 서지정보유통지원시스템 홈페이지 (http://seoji.nl.go.kr)와 국가자료공동목록시스템(http://www.nl.go.kr/kolisnet)에서 이용하실 수 있습니다. (CIP제어번호 : CIP2016021701)

* 와이즈만BOOKs는 (주)창의와탐구의 출판 브랜드입니다.

닮고 싶은 창의융합 인재

⑤ 토머스 제퍼슨

송치중 글 | 윤희동 그림 | 손영운 기획
와이즈만 영재교육연구소 감수

와이즈만 BOOKs

미래의 창의융합 인재들에게 이 책을 추천합니다!

여러분들은 10년 후, 20년 후에 어떤 세상에서 살게 될까요?
사실 어른들도 정확한 답을 알지 못한답니다. 하지만 창의융합 능력을 가진 인재는 미래가 어떻게 변하더라도 이를 슬기롭게 헤쳐 나가는 것은 물론, 오히려 앞장서서 변화를 만들어 나갈 수 있습니다.

창의융합 능력은 다양한 지식과 정보, 경험을 두루두루 활용하여 창의적으로 문제를 해결해 내는 능력입니다. 이런 능력을 키우는 창의융합 인재 교육을 충실히 받고, 스스로 문제 해결을 하는 경험을 쌓아 간다면 어른이 되어서 만나게 될 더 크고 복잡한 문제도 훌륭하게 해결하게 될 것입니다.

여러분이 창의융합 인재로 성장하는 데 꼭 읽어 보라고 추천하고 싶은 책이 있습니다. 바로 와이즈만북스에서 펴낸 〈닮고 싶은 창의융합 인재〉 시리즈입니다. 이 책은 어떤 사람이 내가 본받을 만한 창의융합 인재인지, 어떻게 하면 창의융합 인재가 될 수 있는지 차분히 생각해 볼 수 있도록 주인공의 일생을 한 권에 담아 매우 자세하고 흥미진진하게 이야기를 들려주고 있습니다.

창의성과 융합 능력의 원동력은 호기심이라 할 수 있습니다. 여러분들은 다방면에 호기심을 갖고 다양하게 융합해 보는 시도를 두려워하지 마세요. 또한 앞선 시대에서 호기심과 창의성, 융합 능력을 실천하고 성과를 보여 준 위인들의 삶을 보면서 여러분의 꿈을 키워 보세요. 그리고 여러분이 가진 상상력을 마음껏 표현하고 펼쳐 보이세요. 왜냐하면 여러분이 바로 미래의 창의융합 인재니까요.

한국과학교육단체총연합회 회장 최돈희

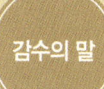

이 책이 여러분의 멘토가 되어 드립니다!

최근 우리나라 교육의 화두는 '창의융합 인재'입니다. 하지만 그 의미가 다소 추상적이어서 과연 누가 창의융합 인재이고, 그 능력을 갖추려면 어떤 노력을 해야 할지 모호한 게 사실입니다. 이것에 대한 방향을 명쾌하고 구체적으로 제시해 주는 책이 바로 〈닮고 싶은 창의융합 인재〉 시리즈입니다.

여러분이 창의융합 인재가 되기 위해서는 먼저 창의융합 인재로 우뚝 선 사람들의 삶과 태도를 면밀히 살펴보는 것이 중요합니다. 그런 다음 자신의 강점과 호기심을 발견하고 인재들의 삶에서 본받을 점을 적용하는 것입니다. 〈닮고 싶은 창의융합 인재〉 시리즈는 어린이들의 멘토가 되어 꿈과 가치관 그리고 생활 습관을 스스로 정하고 실천할 수 있도록 돕는 책입니다.

이 시리즈는 인물의 일생을 연대순으로만 나열하는 기존의 위인전과는 다르게, 창의융합적 특성과 핵심 키워드에 따라 주제별로 인물의 일대기를 재구성했습니다. 익숙한 위인을 새로운 시각으로 바라보고, 생각의 자취를 따라 그들의 머릿속으로 들어가 볼 수도 있고, 위대한 업적이 하루아침에 된 게 아니라는 것을 깨달을 수 있습니다. 아울러 한국사·세계사와 함께 보는 연표, 화보로 보는 창의융합 인재 특성, 재미있는 연관 정보, 당대의 주변 사람들의 인물평과 현대에 이어진 영향 등을 다룬 에필로그까지, 읽을거리가 풍성해 역사와 사회를 이해하는 것은 물론 자기계발의 촉진제가 되기에 충분합니다.

이 책을 읽고 많은 친구들이 창의융합 인재들의 삶 속에서 닮고 싶은 점들을 찾아 '내 것'으로 만들기를 바랍니다.

와이즈만 영재교육연구소 소장 이미경

기획자의 말

미래가 원하는 진짜 실력자는 '창의융합 인재'입니다!

오른쪽 사진은 2010년, 스티브 잡스가 아이패드를 세상에 처음 소개하는 장면입니다. 그런데 대형 스크린을 채운 이정표에 새겨진 'Technology(기술)'와 'Liberal Arts(인문학)'라는 글이 눈에 띕니다. 잡스는 아이패드라는 첨단 전자 제품을 소개하는 자리에서 왜 '인문학'이라는 용어를 사용했을까요? 그가 나중에 했던 말을 살펴보면 그 이유를 알 수 있습니다.

"인문학과 결합한 기술, 인간애가 반영된 기술이어야 가슴을 울리는 결과를 만들어 낸다."

오늘날 우리는 잡스가 만든 아이패드와 아이폰으로 철학 강의를 듣고, 소설책을 보고, 클래식 음악을 감상하고, 영화를 봅니다. 그리고 가상 세계에서 친구를 만나 우정을 나누고 연인과 사랑의 약속을 합니다. 잡스의 말대로 아이패드와 아이폰이라는 기술은 온갖 인문학을 담아냈고, 덕분에 우리는 현실과 상상이 마음껏 어울리는 가상 세계를 갖게 되었습니다.

잡스처럼 두 분야 이상을 접목시켜 새로운 것을 창조하는 것을 '창의융합'이라고 합니다. 잡스는 가장 성공적으로 '창의융합'을 하여 사람들에게는 새로운 미래를 보여 주었고, 자신은 큰 명예와 부를 얻었습니다.

앞으로 잡스처럼 '창의융합 정신'이 충만한 사람, 즉 '창의융합 인재'들이 인류의 현재와 미래를 이끌어 나갈 게 분명합니다. 그래서 많은 나라에서 교육의 목표를 창의융합 인재의 양성으로 잡고 있고, 우리나라도 그렇게 나아가고 있습니다.

정부는 '모든 학생들이 인문·사회·과학 기술에 대한 기초 소양을 함양하여 인문학적 상상력과 과학 기술 창조력을 갖춘 창의융합형 인재로 성장할 수 있도록 우리 교육의 근본적인 패러다임을 전환하고자' 2015 개정 교육 과정을 발표했습니다. 그러면서 '창의융합형 인재'를 '인문학적 상상력', '과학 기술 창조력'을 갖추고 '바른 인성'을 겸비하여 '새로운 지식을 창조'하고 '다양한 지식을 융합'하여 '새로운 가치를 창출'할 수 있는 사람으로 정의했습니다.

정부에서 교육의 목표로 제시한 '창의융합형 인재'란 어떤 사람일까요? 이를 어린이들이 이해하기 쉽게 알려 주는 책이 바로 〈닮고 싶은 창의융합 인재〉 시리즈입니다.

〈닮고 싶은 창의융합 인재〉 시리즈는 레오나르도 다빈치, 벤저민 프랭클린, 셰익스피어, 세종대왕, 토머스 제퍼슨, 정약용, 미켈란젤로, 뉴턴, 괴테, 아인슈타인 등 인류 역사에서 가장 창의 융합적인 인물로 인정받은 10명의 인물의 삶을 보여 줍니다. 이들이 어떤 생각을 하고, 어떤 꿈을 가지고, 어떤 행동을 하며 살았기에 세상 사람들이 이들을 창의융합 인재로 평가했을까요? 이 시리즈에 그 답이 있습니다.

어린이들이 살아갈 세상은 현재가 아니라 미래입니다. 미래는 지식 창조의 시대로 자신만의 창의적이고 융합적인 콘텐츠를 가지고 있어야 힘을 가지고 앞서 나아갈 수 있습니다. 실제로 지금도 구글이나 페이스북과 같은 세계적인 기업에서는 학교 성적보다는 자신만의 콘텐츠를 가진 사람을 높이 평가합니다.

미래가 원하는 진짜 실력을 갖춘 창의융합 인재가 되기를 바란다면 이 책이 바로 그 시작입니다.

손영운

작가의 말

넓게 보고 새롭게 생각하기

200여 년 전, 북아메리카 대륙의 버지니아에 토머스 제퍼슨이라는 이름의 소년이 살았습니다. 당시 버지니아는 머지않은 곳에 인디언들이 살고 있고, 드넓은 평야와 강이 흐르는 시골이었습니다. 공부를 할 수 있는 학교를 가려면 마차를 타고 한참을 가야 했지요. 소년은 버지니아의 넓고 풍성한 자연을 친구 삼아 아버지의 몇 권 안 되는 책을 읽으며 지식을 습득했고 바깥세상과 사람과 자연에 대한 상상력을 키워 나갔습니다.

시간이 흘러 소년은 서른세 살의 청년이 되었고, 미국 독립의 초석이 되는 '독립 선언서'의 초안을 썼습니다. 제퍼슨은 한 나라의 독립을 선언하는 글을 쓰기에는 어린 나이였지만 많은 사람들이 그가 훌륭한 독립 선언서 초안을 쓸 것을 의심하지 않았답니다. 제퍼슨은 그동안 누구보다도 다양한 책을 읽어 지식은 넓고 지혜가 깊었으며 훌륭한 글을 많이 썼기 때문이지요. 제퍼슨은 어떻게 젊은 나이에 독립 선언서 초안을 쓰는 인재로 인정받을 수 있었을까요?

제퍼슨의 삶은 책으로 시작하고 책으로 끝난다고 할 수 있습니다. 그만큼 제퍼슨이 많은 종류의 책을 가까이 두고 읽었다는 말이지요. 제퍼슨은 독서를 하기 위해 여러 나라의 언어를 열심히 배우고 익혔습니다. 덕분에 시대와 나라와 분야를 가리지 않고 다양한 책을 마음껏 읽을 수 있었습니다. 제퍼슨이 아메리카 대륙에서 최고의 변호사가 되고, 뛰어난 건축가가 되고, 발명가가 되고, 고고학자 겸 고생물학자가 되고, 대륙 회의의 의원이 되고, 버지니아 주지사가 되고, 프랑스 주재 대사가 되고, 국무 장관이 되고, 부통령이 되고, 미국의 제3대 대통령이 된 것은 그가 평생 동안 읽은 다양한 책에서 얻은 지식과 지혜 덕분이었습니다.

제퍼슨은 독서의 힘으로 다양한 분야에서 얻은 지식과 지혜를 융합하여 자신만의 새롭고 창조적인 지식과 지혜와 역사관을 만들었으며 이를 미국의 독립과 발전에 밑거름으로 사용했습니다. 덕분에 오늘날의 부강한 미국이 탄생할 수 있었을지도 모릅니다. 저는 여러분이 제퍼슨과 같이 다양한 영역의 책을 읽고, 거기에서 얻은 지식과 지혜를 이웃과 나라를 위해 사용하는 사람이 되었으면 좋겠습니다.

마지막으로 이 책이 나오기까지 미국 역사에 대한 조언을 해 주신 동국대 강택구 교수님, 바쁜 아버지를 대신해 교현, 이현 두 아이를 키우느라 고생한 아내에게 고마운 마음을 전합니다.

송치중

차례

한국사·세계사와 함께 보는 제퍼슨의 일생 … 12
제퍼슨이 들려주는 창의융합 인재상 … 14

1 바른 인성·새로운 지식 창조
자연과 아버지에게서 인생을 배우다
버지니아 식민지에서 태어나다 … 20
책과 아버지와의 대화 속에서 키운 상상력 … 25
다시 학교로 … 31
섀드웰의 가장이 되다 … 37

2 인문학적 상상력
책을 통해 인문학적 상상력을 키우다
학업을 위해 집을 떠나다 … 46
다양한 지식을 쌓은 대학 생활 … 54
법학의 길로 진로를 정하다 … 60
대표 없는 곳에 과세 없다 … 63

3 새로운 가치 창조·다양한 지식의 융합·바른 인성
독립 선언서를 쓰다
준비된 변호사 … 68
몬티셀로에서 함께할 동반자를 맞이하다 … 72
정치가의 길에 접어들다 … 78
막이 오른 미국 독립 전쟁 … 85
독립 선언서를 기초하다 … 88

4 새로운 가치 창조·바른 인성

미국 건국의 아버지가 되다

고향 버지니아를 위해 102
버지니아 주지사가 되다 105
미국 건설에 앞장서다 111
외교관이 되어 대서양을 건너다 117
프랑스 파리에서 보낸 4년 121

5 새로운 가치 창조

미국의 대통령이 되다

미국의 첫 번째 국무 장관에 임명되다 132
부통령이 되어 정치계에 복귀하다 138
미국의 제3대 대통령 제퍼슨 145

6 과학 기술 창조력·바른 인성

버지니아 대학교를 세우다

독서와 글쓰기를 음미한 삶 162
대학을 세워야 하는 이유 169
몬티셀로에 별이 지다 174
죽음 이후 그가 세상에 끼친 영향 177

제퍼슨의 자기 관리 10계명 182
제퍼슨에 대한 사람들의 평가 184

한국사·세계사와 함께 보는 제퍼슨의 일생

1743년 버지니아 식민지 섀드웰에서 태어나다.
1745년 터카호로 이사하다.
1752년 섀드웰로 돌아오다. 더글라스 목사가 운영하는 학교에서 라틴 어, 프랑스 어, 그리스 어를 공부하다.

1762년 조지 워드 교수 아래서 법학을 공부하다.
1765년 인지세법이 시행되다.
1767년 변호사가 되다. 버지니아 주 법정에서 수많은 법정 소송을 하다.

다양한 언어 공부

변호사·건축가

1757년 아버지 피터 제퍼슨 사망 후, 모든 재산을 물려받고 집안의 가장이 되다.
1758년 제임스 모우리 목사의 학교에서 고전, 역사, 과학을 공부하다.
1760년 윌리엄 앤 메리 대학에 입학하다.
1762년 대학을 수석으로 졸업하다.

1768년 몬티셀로 건축을 시작하다. 주 의회에서 1773년까지 해마다 100개 이상의 소송을 도맡아 변호하다.
1769년 버지니아 식민지 의회 하원 의원으로 선출되다.
1772년 마사 웨일스와 결혼하다.
1774년 변호사를 그만두다.

한국에서는 1750년 균역법이 실시되다.   1762년 영조가 탕평책을 실시하다.

세계에서는 1760년 영국에서 산업 혁명이 시작되다.   1763년 파리 조약이 체결되다.

독립 선언 혁명가

- 1775년 버지니아 대표로서 제1·2차 대륙 회의에 참가하다.
- 1776년 독립 선언문 기초 위원으로 선출되어 독립 선언서 초안을 작성하다.
- 1779년 버지니아의 주지사로 취임하다.
- 1781년 영국군이 침략하자 버지니아를 탈출하다.
- 1782년 아내 마사가 사망하다.
- 1783년 연합 회의에 버지니아 대표로 참가하다.
- 1784년 몬티셀로 건축을 완성하다.
- 1785년 프랑스 공사에 임명되다.
- 1789년 프랑스 대혁명을 지지하다.
- 1790년 미국의 첫 번째 국무 장관으로 취임하다.
- 1790년 국무 장관에서 물러나 몬티셀로 귀향하다.

미국 제3대 대통령

- 1796년 제2대 부통령으로 당선되다.
- 1801년 제3대 대통령으로 당선되다. 새 수도 워싱턴 D. C.에서 취임식을 거행하다.
- 1803년 프랑스로부터 루이지애나 땅을 매입하다. 루이스와 클라크 탐험대를 루이지애나로 보내다.
- 1804년 다시 대통령으로 당선되다.
- 1807년 출항 금지법을 제정하다.
- 1809년 대통령 임기를 마치고 몬티셀로로 돌아가다.

버지니아 대학 설립자

- 1812년 미영 전쟁이 일어나다.
- 1814년 전쟁으로 불탄 국회 의사당 도서관에 책을 기증하다.
- 1815년 미영 전쟁이 끝나다.

- 1819년 버니지아 대학을 설립하다.
- 1825년 버지니아 대학에서 최초로 '선택 과목 제도'를 시행하다.
- 1826년 몬티셀로에서 사망하다.

- 1776년 정조가 즉위하다.
- 1796년 수원 화성을 완공하다.
- 1811년 홍경래의 난이 일어나다.
- 1789년 프랑스 혁명이 일어나다.
- 1806년 신성로마 제국이 멸망하다.
- 1822년 멕시코·브라질 제국이 수립되다.

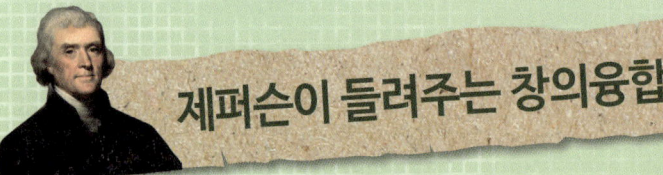

제퍼슨이 들려주는 창의융합 인재상

토머스 제퍼슨은 평생 독서로 지식을 쌓았어요. 독서를 위해 프랑스 어와 그리스 어를 공부했고, 다양한 분야의 책을 읽을 수 있었지요. 독서로 다진 뛰어난 문장력이 있었기에 독립 선언서의 초안을 쓸 수 있었고, 독서를 통해 얻은 다양한 지식이 있었기에 발명가, 원예가, 건축가로 활약할 수 있었어요. 그는 노력하는 천재이자 독서를 통해 모든 분야에 통달한 창의융합 인재의 모범으로 다시 주목받고 있답니다.

인문학적 상상력

나는 책이 없으면 살 수가 없었어요. 나는 책벌레였으며, 엄청난 도서 수집광이기도 했어요. 너무 많은 책을 사들여 가계가 위태로웠던 적도 있었어요. 다양한 책을 읽기 위해 그리스 어와 프랑스 어도 공부하였지요. 책을 읽으며 옛 사람들이 들려주는 철학과 인문학에 빠져들었고, 책의 중요한 내용들을 빠짐없이 메모해 두었답니다. 내가 읽었던 수많은 책의 지식들은 변호사로서의 제퍼슨, 정치가로서의 제퍼슨을 더욱 빛나게 만들어 주었지요. 독서를 통해 얻은 사고력으로 남들이 미처 생각하지 못한 부분까지 사고할 수 있었던 거예요.

바른 인성

나는 인디언도 흑인 노예들도 우리와 다르지 않다고 생각했어요. 그들도 우리처럼 스스로 독립적으로 살아갈 수 있으니까요. 또 부유한 가정의 재산이 너무 쉽게 대물림되는 것에 대해서도 문제가 있다고 생각했어요. 개인이 노력해서 잘 사는 사회가 건강한 사회라고 생각했답니다. 또한 누구나 종교와 신앙 때문에 차별받아서는 안 된다고 생각했어요. 미국이 국교 없는 나라가 되는데 가장 큰 기여를 한 사람이 바로 나라고 사람들이 인정해 주니 고마운 일이지요.

새로운 지식 창조

내가 초안을 작성한 독립 선언서에는 이러한 구절이 있어요. "우리는 모든 인간이 평등하게 태어났다고 믿는다. 모든 인간은 자유롭게 살아가야 하며 어느 누구도 다른 사람의 삶에 강제로 영향력을 행사해서는 안 된다. 이 모든 것이 당연한 일이라면, 우리 아메리카가 영국으로부터 독립하는 것 또한 당연한 일이라고 생각한다."

나는 미국의 독립이라는 새로운 가치를 만들어 내는 데 큰 몫을 했지요. 또한 다른 나라의 다양한 문화를 받아들이는 데 주저함이 없었어요. 내가 프랑스에서 외교관으로 지내면서 처음 접하여 미국에 전파한 문화도 많답니다.

다양한 지식 융합

대통령의 임기를 마친 뒤에는 고향 버지니아에서 대학교를 설립하는 일에 매진했어요. 이미 몬티셀로를 건축했던 터라 대학 건물의 디자인에도 참여하였고, 대학의 커리큘럼을 창의적으로 짰어요. 일평생 독서를 통해 다양한 분야의 지식을 갖추었기에 가능했던 일이지요. 다양한 지식이 하나로 융합되는 곳인 대학의 설립은 내가 가장 자랑스러워 하는 일이에요.

과학 기술 창조력

나는 특별히 따로 과학을 배운 사람은 아니었어요. 대신 책을 가려 읽지 않았어요. 인문 고전에 해당하는 책도 많이 읽었지만, 수학이나 과학 등 전문적인 분야의 책도 많이 읽었답니다. 독서를 통해 얻은 과학 지식으로 몬티셀로의 건축과 농장 일에 필요한 다양한 발명품을 만들어 냈고, 꽃과 나무에 대한 책을 많이 읽어 직접 정원의 원예를 했어요. 더 많은 책을 읽기 위해 독서대를 만들고, 더 빠르게 여러 장의 편지를 쓰기 위해 기계를 만들기도 하였지요. 생활에 필요한 것이면 무엇이든 만들어 냈답니다.

새로운 가치 창출

나는 미국의 국무 장관, 부통령, 제3대 대통령을 거치며 새 나라 미국의 건설을 위해 노력하였답니다. 많은 국민이 정치에 참여할 수 있는 나라를 만드는 것이 소망이었지요. 나는 국민들이 언제든지 정부를 감시할 수 있어야 한다고 생각했어요. 국가는 국민의 것이니까요. 미국의 독립을 이끌어내는 데에 그치지 않고 독립한 미국이 어떤 나라가 되어야 하는지에 대해 많은 고민을 했어요. 흑인 노예 해방도 그중 하나였지요. 이런 밑바탕이 있었기 때문에 다른 나라의 지배를 받다가 독립한 미국이 200년도 안 되어 세계 최강의 국가가 될 수 있었답니다.

- 버지니아 식민지에서 태어나다
- 책과 아버지와의 대화 속에서 키운 상상력
- 다시 학교로
- 섀드웰의 가장이 되다

바른 인성·새로운 지식 창조

자연과 아버지에게서 인생을 배우다

1

미국 중부 지역의 사우스다코다 주에는 러시모어 산이 있어요. 이 산에는 '큰바위 얼굴'로 알려진 네 명의 얼굴 조각상이 있어요. 조지 워싱턴, 에이브러햄 링컨, 시어도어 루즈벨트, 그리고 바로 지금부터 우리가 만나 볼 토머스 제퍼슨이에요. 러시모어 산의 '큰바위 얼굴'이 된 제퍼슨은 어떤 어린 시절을 보냈을까요? 참, 토머스 제퍼슨은 어릴 때 톰이라고 불리었어요. 그럼 출발!

버지니아 식민지에서 태어나다

톰은 1743년 4월 13일 미국 동부의 버지니아 지역에서 태어났어요. 당시 버지니아는 영국의 식민지였어요. 영국은 세계의 곳곳을 지배하고 있었던 강대국으로 북아메리카 대륙에 버지니아를 포함해 식민지를 13개 가지고 있었지요. 북아메리카의 13개 식민지는 영국의 지배를 받기는 했지만, 자유가 보장되던 사회였어요. 북아메리카 식민지에 살던 사람들도 영국에 대해 큰 거부감을 느끼지 않고 살았답니다.

톰의 아버지인 피터 제퍼슨은 제대로 된 교육을 받아 본 적이 없었어요. 그는 스스로 땅의 길이와 넓이를 재는 측량을 공부해 유능한 측량사가 되었어요. 그리고 여러 측량사들과 함께 정확한 버지니아 지역의 지도를 만들었답니다. 피터는 성실한 태도로 열심히 일했고 그 대가로 벌어들인 돈을 함부로 사용하지 않았어요. 주위의 땅을 사들였고 그 결과 버지니아 서쪽 끝자락에 커다란 농장을 만들 수 있었답니다.

톰의 어머니인 제인 랜돌프는 버지니아에서 이름 높은 가문의 딸이었어요. 제인은 피터와 결혼하였고, 두 딸을 낳은 뒤 톰을 낳았어요.

"여보, 수고가 많았어요. 드디어 첫 아들이구려. 두 딸에 이어 아들까지 낳아 줘서 고맙소. 이제 푹 쉬시오. 모든 것은 내가 할 테니."

피터와 제인은 톰 이후에 5명의 아이를 더 낳아 슬하에 8남매를 두었어요. 톰은 위로 누나가 둘 있었지만, 아들로는 첫째여서 나중에 장남으로서 권리를 행사하고 가족을 책임져야 했어요.

톰이 태어난 섀드웰은 사람이 거의 다니지 않는 외딴곳이었어요. 섀드웰을 둘러싼 산에서는 언제나 새소리가 들리고 동물들이 뛰놀았어요. 톰의 집 근처에는 다른 집이 없었어요. 산을 넘어 말을 타고 한참을 달려야

다른 사람을 만날 수 있었어요. 섀드웰은 버지니아에서도 가장 외진 곳이었지요. 톰의 가족이든 친구든 그 누구라도 톰의 집을 찾아오면, 하루 만에 다시 돌아가기 어려운 곳이었어요. 그곳에서 톰의 가족은 농장을 운영하며 살았어요.

톰이 두 살이 되던 해였어요. 아버지의 친구가 세상을 떠나면서 아버지에게 농장과 집을 맡겼어요. 아버지는 그곳으로 이사하기로 했지요. 톰의 가족들은 아버지를 따라 섀드웰 집을 출발한 지 이틀 만에 새 보금자리인 터카호에 도착했어요.

터카호는 한적한 섀드웰과 달리 여러 집들이 마을을 이루고 있었어요. 터카호의 집에서 언덕 아래를 내려다보면 유유히 흐르는 강과 마을 사람들이 움직이는 모습을 모두 볼 수 있었어요. 톰은 터카호의 자연을 아주 좋아했어요. 집 주변의 자연은 모두 톰의 놀이터였지요. 톰은 자연에서 많은 것을 배울 수 있었어요. 자연 속에 묻힌 집인 섀드웰에서는 말을 타고 자연 속에서 뛰놀며 자연과 더불어 사는 법을 배웠고, 마을을 이룬 터카호에서는 마을 사람들과 더불어 사는 법을 배웠어요.

톰은 세 살이 많은 바로 위 누나인 제인과 친하게 지냈어요. 둘은 집 주위에 있는 미루나무 아래에서 자주 놀았어요.

"저기 봐, 저 아래 샘이 있어!"

"응, 샘을 보니까 목이 말라. 우리 내려가서 물을 마시자."

제인은 톰의 손을 잡고 미루나무 아래로 내려갔어요.

그리고 손에 물을 떠서 조금 입가를 적셨어요. 그때 톰이 말했어요.

"누나, 그릇이나 컵이 있으면 좋겠는데."

"그럼, 큰 나뭇잎으로 컵을 만들어 볼까?"

톰과 제인은 큰 나뭇잎을 따서 둥글게 말았어요. 컵을 완성하려면 나뭇잎과 나뭇잎을 고정시켜 줄 무언가가 필요했어요. 그때 톰이 제인에게 말했어요.

"누나, 저기 가시덤불에서 얇은 가시를 가져오면 나뭇잎과 나뭇잎을 고정시킬 수 있을 것 같아."

"조심해. 가시에 찔릴 수도 있으니까."

톰은 가시덤불 쪽으로 손을 뻗었어요. 가시가 톰의 손등과 팔목을 긁어 댔어요. 그러나 톰은 비명 소리를 내지 않았어요. 대수롭지 않다는 듯이 가지를 꺾어 왔어요. 이를 본 제인이 톰에게 말했어요.

"넌 정말 아버지를 닮은 것 같아. 아버지도 뭐든 혼자 해내는 것을 좋아하시잖아."

톰은 누나의 말에 방긋 미소

를 지어 보였어요. 아버지와 닮았다는 말은 톰에게 가장 큰 칭찬이었어요. 톰은 언제나 아버지처럼 멋진 사람이 되고 싶었거든요. 톰은 금세 나뭇잎으로 컵을 만들어 보였어요. 그러고는 나뭇잎으로 만든 컵에 물을 담아 누나에게 건넸어요. 비록 나뭇잎 사이로 물이 새고 있었지만 두 남매는 무척 즐거웠어요.

톰의 아버지 피터는 집에서 아이들에게 늘 '스스로 하라.'고 강조했어요. 톰은 아버지의 가르침을 잘 따랐어요. 톰은 뭐든지 혼자서 해내는 것을 좋아했어요. 반면에 남이 시켜서 하는 일은 금방 흥미를 잃었어요.

책과 아버지와의 대화 속에서 키운 상상력

톰은 다섯 살 무렵에 학교를 다녔어요. 정식 학교는 아니었고, 마을의 아이들에게 글을 가르쳐 주는 곳이었지요. 톰도 그곳에서 글을 배웠어요.

'나도 글자를 익혔으니 아버지 서재에 있는 책을 읽을 수 있을 거야.'

톰은 아버지의 서재에 가서 책을 한 아름 가지고 왔어요. 톰이 어렸을 때에는 책이 무척 비쌌기 때문에, 웬만큼 부유하지 않으면 쉽게 살 수 없었어요. 아버지의 서재에는 50여 권 정도의 책이 있었어요. 톰은 아버지의 책을 읽으면 아버지와 이야기하는 것 같은 기분이 들었어요. 그래서 집을 자주 비우는 아버지와 조금 더 가까워지고 아버지처럼 될 수 있을 것 같았어요.

톰은 하루 중 책을 읽을 때가 가장 좋았어요. 책은 지식을 줄 뿐 아니라 마음껏 상상력을 펼칠 수 있는 무대가 되어 주었어요. 톰이 읽은 이야기책처럼 쉬운 책도 있었지만 어려운 역사책도 있었어요.

'우리와 관련이 깊은 영국은 어떤 역사를 가지고 있을까?'

'바다를 누비는 사람들은 어떤 생활을 할까?'

톰은 책 속에서 상상의 나래를 펼치는 것이 너무 좋았어요. 영국의 역사책을 읽으면서 다양한 사람들이 어떻게 세상을 살아가고 있는지를 알

수 있었어요. 뱃사람들의 이야기를 읽으며 그들의 생활을 상상했고, 모험심을 키울 수 있었지요. 책은 항상 톰에게 다양한 세상을 보여 주었답니다. 톰은 그런 책을 손에서 쉽게 놓을 수 없었어요.

"톰 도련님, 식사 시간이에요."

시저의 목소리가 들렸어요. 시저는 어린 시절부터 톰과 함께 자란 흑인 노예였어요. 톰에게 시저는 둘도 없는 친구였고, 또 톰을 곁에서 지켜 주는 충실한 노예였어요. 톰은 재빨리 식탁으로 향했지만, 식사 시간에 늦었어요. 동생들과 함께 식사를 하던 어머니가 톰에게 물었어요.

"톰, 그렇게 책이 좋니?"

"네, 저는 책이 참 좋아요. 오늘은 약간 어려운 책이었는데요, 그래도 열심히 읽었어요. 헤헤."

"책을 읽는 것도 좋지만, 동생들을 돌보는 것을 잊지 않았으면 좋겠다."

"네, 엄마. 제인 누나를 도와서 동생들도 잘 돌볼게요."

"아빠 돌아오시면 그동안 네가 읽었던 책들을 아빠께 들려드리렴. 아빠가 많이 좋아하실 거다."

"저도 빨리 아빠가 돌아오시면 좋겠어요. 제가 읽고 이해한 책의 내용들이 진짜 맞는지 확인하고 싶어요."

버지니아는 영국에서 온 사람들이 막 개척을 시작하던 곳이었어요. 버지니아의 일부분은 개발이 되어 도시로 변했지만 대부분은 자연 그대로였답니다. 이 때문에 아버지는 늘 바빴어요. 땅을 측량하고 지도를 만드는

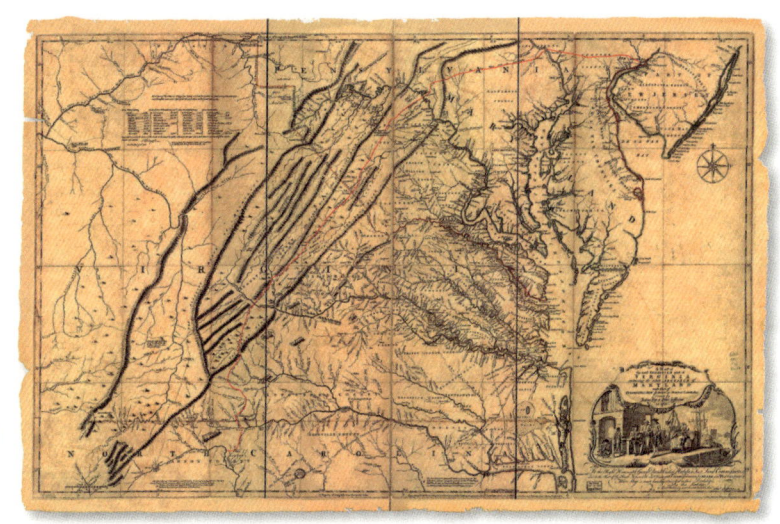

측량사였던 아버지
피터 제퍼슨이 만든
18세기 버지니아 지도

일이 당시 버지니아에서는 중요했거든요.

그러던 어느 날, 아버지가 집으로 돌아왔어요. 톰은 오랜만에 아버지를 볼 수 있어 기뻤어요. 톰은 아버지가 곳곳을 누비며 일하는 곳에서 벌어지는 생생한 이야기를 듣고 싶었어요.

"아빠, 이번에는 무슨 일을 하고 오신 거예요?"

"아빠는 버지니아와 주변 지역의 땅을 측량하고, 지도를 만들고 있단다. 참으로 멋진 일이지. 우리 아들은 아빠 없는 동안 잘 있었니?"

"네, 한참 동안 영국 역사책을 읽었어요. 아빠는 늘 새로운 곳에 가는데 무섭지 않아요? 인디언들이 무섭지 않으세요?"

"인디언들은 나쁜 사람들이 아니란다. 톰, 언젠가 네게 인디언을 만나게 해 주겠다고 약속하마."

"네, 아빠! 책보다 더 생생한 경험을 아빠와 해 보고 싶어요."

다음 날, 톰은 늦잠을 잤어요. 어느새 아침이 밝아 왔고 햇살이 톰을 비춘 지도 꽤 시간이 흘렀어요.

'어제 늦게까지 책을 읽었더니 늦잠을 잤네. 일찍 일어나서 아빠한테 많은 이야기를 듣고 싶었는데……'

서둘러 옷을 챙겨 입은 톰은 아버지를 찾아 나섰어요. 저 멀리 농장 끝에 아버지가 서 있었어요. 톰은 아버지가 있는 곳까지 전속력으로 뛰어갔지요.

"헥헥헥. 아빠, 저예요. 어제 못 들은 이야기를 마저 들으러 왔어요."

"우리 저기 앉아서 이야기할까?"

톰은 아버지와 함께 평평한 나무에 앉았어요. 아버지는 그동안 있었던 이야기보따리를 풀어놓았어요. 톰은 아버지와 이야기하는 시간을 정말 좋아했어요.

"이번엔 조금 더 멀리까지 새로운 땅을 찾아 나서는 일을 했단다. 인디언과의 경계선도 정해야 하고, 새로운 지도도 만들어야 했지."

"그럼 먹고 자는 것은 어떻게 하셨어요?"

"먹는 것은 마른 빵으로 때웠지. 어두워지면 불을 피워 놓고 땅바닥에서 그냥 잤단다. 생각보다 힘든 일이지."

"위험하지 않아요? 그래도 아빠는 그 일이 신나요?"

"톰, 이 일은 많이 위험하고 힘들지만 아빤 늘 즐겁단다. 그리고 지도가

다 완성되면 아빠는 큰 성취감을 느낀단다."

"저도 나중에 크면 아빠처럼 하고 싶은 일을 하며 성취감을 느낄 수 있는 사람이 되고 싶어요."

"우리 아들 다 컸구나. 어서 들어가자. 하늘에 먹구름이 오는구나."

다시 학교로

1752년, 톰이 아홉 살이 되던 해에 가족들은 섀드웰로 돌아왔어요. 섀드웰을 떠나 터카호로 이사한 지 7년 만이었어요. 섀드웰 집에서 떠날 때 톰은 엄마 품에 안긴 아기였지만, 7년이 지난 지금은 혼자서 말을 타고 달릴 정도로 많이 컸어요. 터카호와 섀드웰을 오가며 지내는 동안 말을 타고 섀드웰의 언덕을 달리며 승마를 연습한 덕분이었지요. 승마는 톰이 성인이 된 이후에도 수시로 즐기는 취미가 되었답니다.

오랜만에 섀드웰 집에 돌아온 톰과 가족들은 짐을 풀고 집 안 곳곳을 청소한 뒤 모두 모였어요. 아버지가 진지한 표정으로 말했어요.

"이제 다시 우리 집에 돌아오게 되었다. 여기는 터카호와는 달리 규모도 크고 더욱 한적한 곳이란다. 이곳에서는 농장을 우리가 함께 일구어야 한다. 물론 많은 일들을 노예들이 하겠지만 말이다. 밀과 옥수수를 제때에 수확해야 우리가 1년 동안 먹을 식량이 생긴다. 또 담배를 제때 수확해서 파는 일이 무엇보다 중요하다. 바쁠 때에는 모두가 하나가 될 수 있도록 하자! 그래서 여기서 우리 모두 행복한 가정을 만들어 나가자꾸나."

섀드웰로 돌아온 뒤 가족들은 이전보다 훨씬 바쁜 날을 보내야만 했어요. 노예들이 농장 일을 다 해 주지만, 터카호 때보다 해야 할 일이 늘었기 때문이에요. 섀드웰로 온 뒤로 톰은 책을 읽는 시간보다 농장 일을 돕는 시간이 늘어났어요. 또 어머니를 도와 동생들도 돌봐야 했답니다. 그러던 어느 날 아버지가 톰에게 말했어요.

"톰, 이제 다시 학교로 돌아가야 되지 않겠니?"

"저는 가고 싶지 않아요. 학교는 지루해요. 맨날 똑같은 것만 외우라고 시키고……. 이제 글을 읽을 줄 아니까 저 혼자 책을 읽어도 충분해요."

"아빠는 인생을 살면서 후회 없이 살려고 노력했지만, 교육을 제대로 받지 못한 것이 늘 아쉬웠단다. 그래서 아빤 네가 제대로 교육받기를 원해."

톰은 아버지께 아무런 말을 할 수 없었어요. 학교의 지루함은 견디기 힘든 일이었지만, 아빠의 말을 거역하기 어려웠어요. 아버지를 실망시키고 싶지 않았거든요. 톰은 많이 망설이다가 며칠이 지난 후 아버지를 찾아가 자신의 결심을 말씀드렸어요.

"아빠, 저 학교에 가겠어요."

"잘 생각했구나. 넌 아직 배움이 필요한 나이란다. 그리고 더 훌륭한 사람이 되려면 참는 법도 알아야 한단다."

"아빠, 제 생각이 왜 바뀌었는지 아세요?"

"글쎄……. 무엇이 우리 아들의 마음을 바꾸어 놓았을까?"

"이곳 섀드웰로 돌아온 뒤로 책을 거의 못 읽었어요. 바쁜 탓도 있지만, 제가 가진 지식이 부족해서 책을 아무리 읽어도 책의 내용을 잘 모르겠더라고요. 더 배워야 한다는 것을 깨달았어요."

톰의 이야기를 들은 아빠는 매우 흡족했어요. 아버지로서 더 좋은 교육을 받게 하고 싶었지만, 당시 버지니아에는 공립 학교조차 없었지요. 좋은 집안에서는 영국으로 유학을 보냈지만, 톰의 아버지는 그럴 만한 여유가지는 없었어요. 결국 톰의 아버지는 섀드웰에서 하루 정도 걸리는 위치에 있는 학교에 톰을 보내기로 결심했어요.

얼마 후, 아버지는 톰을 데리고 학교로 찾아갔어요. 스코틀랜드 출신의 더글라스 목사가 운영하는, 교회와 붙어 있는 조그만 학교였어요.

"목사님, 우리 아이를 잘 부탁드립니다."

"네, 걱정하지 마세요. 시간이 지나면 다 적응하니까요."

아버지는 톰에게 따뜻한 눈빛으로 당부했어요.

"톰, 저기 저 아이들처럼 건강하게 뛰어놀고, 또 많이 배우거라."

"제 걱정은 하지 마세요. 잘 지낼 수 있어요."

톰은 아버지를 안심시키기 위해 의젓한 척했어요. 하지만 톰은 무척 긴장되었어요. 지금까지 한 번도 같은 또래의 남자아이들과 지내본 적이 없었으니까요.

더글라스 목사는 톰을 데리고 가 다른 아이들에게 소개해 주었어요. 아이들은 몇 명 되지 않았어요. 톰은 떨리는 목소리로 인사를 건넸어요.

"안녕? 난 톰이야. 많이 긴장되지만 친하게 지냈으면 해."

톰의 인사가 끝나자, 더글라스 목사는 아이들에게 새로 온 친구를 환영해 줄 것을 당부한 뒤 잠시 자리를 비웠어요. 이 학교의 유일한 선생님인 더글라스 목사가 자리를 비우자 아이들은 톰에 대해 본격적으로 관심을 보이기 시작했어요.

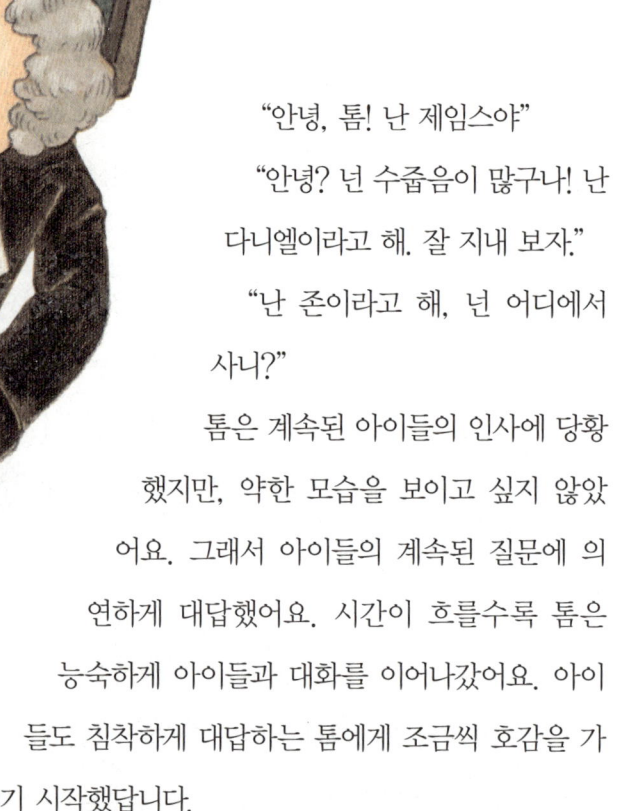

"안녕, 톰! 난 제임스야"

"안녕? 넌 수줍음이 많구나! 난 다니엘이라고 해. 잘 지내 보자."

"난 존이라고 해, 넌 어디에서 사니?"

톰은 계속된 아이들의 인사에 당황했지만, 약한 모습을 보이고 싶지 않았어요. 그래서 아이들의 계속된 질문에 의연하게 대답했어요. 시간이 흐를수록 톰은 능숙하게 아이들과 대화를 이어나갔어요. 아이들도 침착하게 대답하는 톰에게 조금씩 호감을 가지기 시작했답니다.

그렇게 학교에 적응해 가는 동안 겨울이 지나고 톰은 열 살이 되었어요. 아이들과도 함께 잘 어울려 나갔어요. 예전처럼 학교생활이 답답하지 않았어요. 참을성도 늘었고, 무엇보다 공부에 흥미를 붙이게 되었어요. 기다리고 지루해 하면 학교생활이 더디게 흘러가지만, 흥미와 재미를 느끼면 학교생활도 빠르게 간다는 사실을 깨달았어요.

더글라스 목사는 라틴 어, 프랑스 어, 그리스 어에 뛰어났어요. 때문에 학교에서 하는 대부분의 수업은 언어에 관한 것이었어요. 다른 과목은 거의 이루어지지 않았어요. 하지만 톰은 더글라스 목사의 갖가지 언어 수업에 만족했어요.

"톰, 수업이 어렵거나 힘들지는 않니?"

"네. 조금 어렵기는 해요. 그리스 어나 프랑스 어는 재밌지만 라틴 어는 잘 사용하지 않는 말이어서 더욱 어려워요."

"네 말이 맞구나. 하지만 라틴 어를 공부해 두면 더 많은 책을 읽을 수 있단다. 그리고 다른 많은 언어가 라틴 어에 뿌리를 두고 있어 다른 언어를 공부하는 데에도 도움이 되지."

더글라스 목사는 단어를 하나씩 알아가다 보면 언어는 분명히 늘게 되어 있다며 톰을 격려했어요. 톰은 매일매일 라틴 어를 공책에 옮겨 적고, 프랑스 어 단어를 머릿속에 넣기 시작했어요.

'그리스 어를 익혀 두면 유럽의 철학 책을 읽는 데 도움이 될 거야.

 또 라틴 어와 프랑스 어도 알아 두면 보다 많은 문학책을 읽을 수 있겠지. 지금은 지루하고 어렵지만 포기한다면 나중에 분명 후회할 거야. 선생님에게 잘 배워 둬야지.'

 수업을 마치고 나면 톰은 거의 모든 시간을 자유롭게 보낼 수 있었어요. 친구들과 숲을 헤치고 돌아다녀도 되고, 교회 앞마당에서 한가로이 시간을 보내도 되었어요. 자연이 주는 여러 가지 정보를 눈으로 귀로 마음으로 담을 수 있는 이 시간이 소중했답니다. 톰은 자연에서 얻은 모든 것을 공책에 기록했어요. 톰

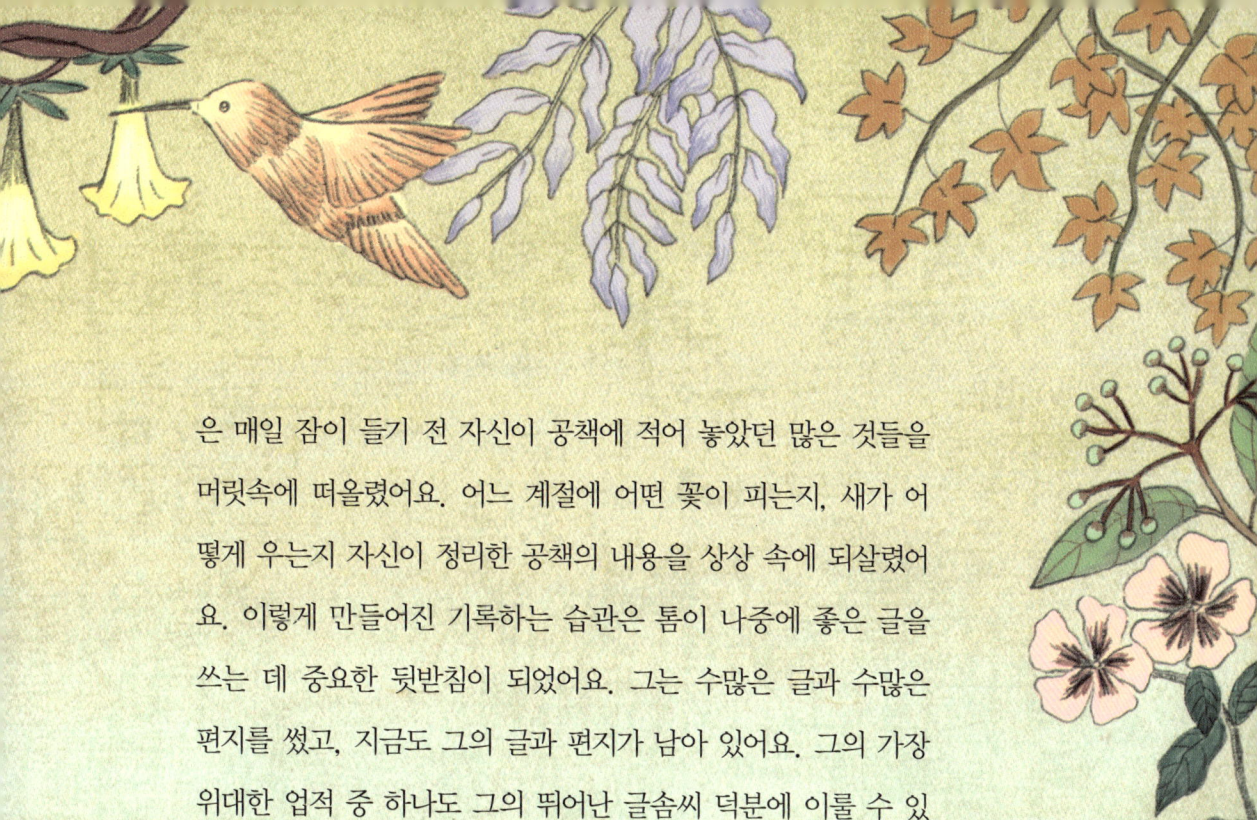

은 매일 잠이 들기 전 자신이 공책에 적어 놓았던 많은 것들을 머릿속에 떠올렸어요. 어느 계절에 어떤 꽃이 피는지, 새가 어떻게 우는지 자신이 정리한 공책의 내용을 상상 속에 되살렸어요. 이렇게 만들어진 기록하는 습관은 톰이 나중에 좋은 글을 쓰는 데 중요한 뒷받침이 되었어요. 그는 수많은 글과 수많은 편지를 썼고, 지금도 그의 글과 편지가 남아 있어요. 그의 가장 위대한 업적 중 하나도 그의 뛰어난 글솜씨 덕분에 이룰 수 있었답니다.

섀드웰의 가장이 되다

톰은 방학이 되면 섀드웰로 향했어요. 가족과 오래 떨어져 보니 사랑하는 가족들과 시간을 보내는 일이 얼마나 중요한 일인지도 알게 된 것이지요.

아버지의 농장은 시간이 흐를수록 활기를 띠었어요. 톰의 아버지는 맨손으로 시작해 버지니아 지역에서 제법 성공한 농장주가 되었어요. 톰은 그런 아버지를 늘 존경했어요.

아버지는 언제나 바빴어요. 버지니아 주변을 측량하고 지도를 제작해 나갔어요. 드넓은 담배 농장을 돌봤고 담배를 영국으로 수출하는 일까지 혼자서 해냈어요. 그런 중에도 사랑하는 부인과 8남매나 되는 아이들까지 늘 신경을 썼답니다. 눈코 뜰 새 없이 바쁜 중에도 아버지는 간혹 가지게 되는 아들과의 시간을 무척 즐거워했어요. 톰도 아버지와 보내는 시간이 무척 즐거웠어요.

역사 | 버지니아에 정착한 사람들에게 담배가 없었더라면?

1607년 영국인들은 버지니아 지역에 제임스타운을 세우고 정착했어요. 다들 부푼 꿈을 가지고 왔지만, 현실은 냉혹했어요. 날씨에 적응하지 못한 유럽인들은 농사를 망쳤고, 배고픔에 지쳐갔어요. 인디언들이 도와주지 않았다면 유럽인들은 다 죽었을 거예요.

아메리카가 원산지인 담배는 콜럼버스에 의해 유럽에 알려졌어요. 유럽 사람들은 처음에 담배를 만병통치약으로 알았어요. 그래서 유럽의 상류층들은 담배에 관심이 많았답니다. 버지니아 정착민들은 담배 농사법을 습득하였고, 담배를 유럽으로 수출하며 살 길을 찾았답니다.

톰의 집은 인적이 매우 드문 곳이었어요. 전기도 없고 주변에 다른 집도 없어 밤이 되면 칠흑같이 어두웠어요. 밤에 책을 읽으려면 양초는 필수품이었지요. 하지만 양초는 비쌌을 뿐 아니라 섀드웰에서 가장 가까운 가게도 몇 십 킬로미터나 떨어진 곳에 있었어요. 양초가 필요하면 만들어야 했어요. 또, 비누가 떨어지면 비누를 만들어야 했어요. 섀드웰에서는 무엇이든 필요한 것은 직접 키우든지 아니면 만들어야 했어요.

대부분 집 안에 필요한 것들은 톰의 아버지가 만들었어요. 하지만, 아버지가 바쁘거나 집을 비우면 이 모든 것은 톰의 일이 되었지요. 톰은 누구에게도 배우지 않았지만, 스스로 책을 찾아보면서 이것저것 만들어 냈어요. 양초도 만들고 비누도 만들어 냈어요. 톰에게는 책에 있는 지식이 현실의 생활이 되는 것이 무척이나 신기하고 놀라운 경험이었답니다.

어느 날 톰은 아버지와 함께 말을 타고 농장 주변을 놀았어요.

"톰, 농장에서 자라는 곡식들에 대해 알고 있니?"

"네, 옥수수도 있고 담배도 있지요. 밀도 재배하고 있어요."

"그래, 잘 알고 있구나. 농장에서 일하는 노예들을 보거라."

"네, 아빠."

"저들도 우리와 같은 인간이란다. 이 세상에는 그렇게 생각하지 않는 사람이 많지. 네가 앞으로 이 농장을 이어받거든 저들을 따뜻하게 대해야 한다. 알겠니?"

"네, 꼭 명심할게요."

"아랫사람이라 할지라도 좋은 마음으로 대하면, 좋은 마음으로 다시 돌아온단다. 어려운 이야기겠지만 잘 새겨들어야 한다. 우리 집에서 말을 타고 몇 시간만 달리면 인디언들이 살고 있단다. 알고 있지?"
 "그럼요. 지난번에 아빠하고 보고 왔잖아요. 전에 보았던 인디언 추장 아저씨는 정말 멋있었어요. 자신의 부족을 위해 희생하는 모습은 정말 지도자다운 모습이었어요."
 "다른 사람들이 생각하는 것처럼 인디언들이 모두 두려운 존재는 아니란다. 인디언들 중에는 우리가 자신들의 땅을 빼앗았다고 생각하는 인디언도 있고, 우리에게 자신의 땅을 나눠 줬다고 생각하는 인디언도 있지. 우리가 인디언들에게 진심으로 다가가면 그들도 우리에게 진심으로 대해 준단다. 잊지 말거라. 흑인 노예라 해서 또는 인디언이라고 해서 백인보다 부족하다고 생각하거나 무시하면 안 된다. 우리 백인 중에서도 능력이 부족하거나

나쁜 사람이 있고, 노예나 인디언 중에도 유능하고 좋은 사람들도 많단다."

"네, 아빠. 저도 그렇게 생각해요. 나중에 더 크면 많은 사람들을 위해 노력하는 사람이 되겠어요. 그러기 위해서는 더 많은 책을 읽고 경험을 쌓아야겠죠?"

"그렇지. 학교에서 많은 것을 배웠구나. 오늘은 늦었으니 그만 돌아가자."

톰은 아버지와 말을 함께 타고 돌아오는 길이 즐거웠어요. 아버지의 품 안이 너무 따뜻하고 좋았거든요. 그러나 이 세상에서 가장 큰 따뜻함을 알게 해 준 아버지와의 즐거운 시간은 오래가지 못했어요. 톰이 열네 살이던 1757년, 아버지 피터 제퍼슨은 갑자기 세상을 떠났어요.

아버지의 죽음은 톰에게 견디기 힘든 아픔이었어요. 톰이 제일 믿고 의지하던 기둥이 무너진 것이었지요. 아버지의 장례식이 치러지는 도중에도

역사 1에이커와 톰이 물려받은 재산

에이커는 땅의 면적에 사용하는 단위예요. 1 에이커는 약 4,000 제곱미터 정도 되는 땅이에요. 에이커라는 단위의 정의는 13세기 영국에서 황소가 하루에 쟁기질로 갈 수 있는 면적을 말해요. 하루에 농사지을 수 있는 땅의 넓이인 셈이지요. 톰이 물려받은 5천 에이커는 엄청나게 넓은 땅이었어요. 현재 우리나라에서 쓰는 단위로 환산하면 약 20 제곱킬로미터 정도의 땅이에요. 우리나라 서울에 위치한 창경궁의 면적과 비슷해요. 톰이 물려받은 땅 안에는 그리 높지는 않았지만 산도 있고, 숲도 있었어요. 뒤에서 다시 말하겠지만, 톰은 이 수많은 재산을 모두 책을 사는 데 사용했답니다. 엄청난 규모의 땅을 물려받은 것도 놀랍지만, 그 유산을 대부분 책을 사는 데 썼다는 것이 더욱 놀랍지 않아요?

톰은 현실을 믿기 어려웠어요. 눈에서 계속 눈물이 났어요. 톰은 아버지의 죽음을 이해하기에는 아직 어린 소년이었어요.

"많이 슬프지만 아빠를 하늘나라에 보내 줘야 한단다."

톰을 포함한 모든 식구들이 슬픔에 빠져 있을 때 어머니가 말했어요. 톰은 다시 일어서야 했어요. 이제부터 톰이 섀드웰의 가장이 되어야 했기 때문이에요. 톰은 아버지로부터 5천 에이커의 농장을 물려받았고, 근처의 산과 숲도 모두 상속받았어요. 그리고 수십 명의 흑인 노예들도 물려받았어요.

'아빠가 보고 싶지만, 남겨진 식구들이 이제부터 나만 바라볼 거야. 내가 가장이니까 더 굳건한 의지를 가지고 살아야 해. 내가 무너지면 우리 가족도 끝이야. 집안과 가족을 챙겨야 하는 가장이라고. 아빠가 가르쳐 준 수많은 가르침을 잊지 말아야지. 아빠의 성실함도 늘 마음에 품고 살아야지.'

톰은 마음으로 수없이 다짐했어요. 그런 톰에게 어디에선가 아버지의 목소리가 계속 들려오는 듯했어요.

'톰! 늘 스스로 먼저 하는 사람이 되거라!'

- 학업을 위해 집을 떠나다
- 다양한 지식을 쌓은 대학 생활
- 법학의 길로 진로를 정하다
- 대표 없는 곳에 과세 없다

인문학적 상상력

책을 통해 인문학적 상상력 키우다 2

"나는 책이 없으면 살 수가 없다."라고 말한 토머스 제퍼슨은 책을 사랑하고 많이 읽었던 사람으로 유명해요. 너무 많은 책을 사들여 가정의 경제가 위험에 빠지기도 했지요. 말년에 의회 도서관에 화재가 나자 자신이 가지고 있던 6천여 권의 책을 기증하기도 했어요. 제퍼슨에게 책이란 어떤 의미인지 제퍼슨의 청년 시절로 가 볼까요?

학업을 위해 집을 떠나다

아버지가 돌아가신 후 톰은 아직 어린 청년이었지만 가장으로서 책임감을 가지고 집안을 돌보았어요. 그러던 어느 날 톰은 속으로 생각했어요.

'아! 집안일은 손이 많이 가고, 시간이 많이 필요해. 나는 조금 더 많은 시간을 공부에 할애하고 싶은데 말이지.'

하지만 톰에게 지워진 가장의 짐은 가벼운 것이 아니었어요. 집에 손님이 오면 하인인 시저가 톰을 부르러 달려 왔어요.

"주인님, 손님이 오셨어요."

"아, 알았어. 곧 나갈게."

"안 나오실 것은 아니시죠?"

"그럼. 내가 이 집의 주인인데 나가서 손님을 맞아야지."

톰은 자신의 방을 나와 계단을 내려갔어요. 그리고 손님을 맞았어요.

"이샴 삼촌 오셨어요?"

"톰, 반갑게 맞이해 줘서 고맙다. 잘 지내고 있는 거지?"

"네. 잘 지내고 있어요."

이샴 삼촌은 관청에 가는 길에 어린 톰이 집안을 잘 돌보고 있는지 확인하기 위해 들렀어요. 톰은 오랜만에 만난 삼촌과의 대화가 무척 즐거웠어요. 삼촌은 가족들의 소식과 마을의 소식을 전해 주었어요.

"아. 시간이 많이 흘렀구나. 이제 가 봐야겠다. 집안 잘 돌보고. 네가 자랑스럽다. 톰."

"삼촌, 일 잘 보시고요. 또 뵈어요."

오랜 시간 대화에 빠져 있었던 톰은 삼촌이 떠나자 재빨리 방으로 올라왔어요. 그러고는 다시 책을 폈어요. 그렇게 몇 장을 읽기도 전에 또 시저의 목소리가 들렸어요.

"주인님, 또 손님이 오셨어요."

톰의 집에는 항상 손님이 찾아왔어요. 손님을 맞이하는 것은 즐거운 일이었지만, 톰은 자신만의 시간이 사라지는 것 같아 고민스러웠어요. 하지만 애써 집에 찾아온 손님을 외면할 수는 없었어요. 톰은 자리를 털고 일어나 아래층으로 손님을 맞으러 나갔어요. 이번엔 톰의 학교 친구들이었어요.

"톰, 안녕! 오랜만이야. 네가 보고 싶어 찾아왔어."

"잘 왔어. 아직 해가 지기 전이니 우리 말을 탈까? 오랜만에 달려 보자고."

톰은 말을 타고 달리며 친구들과 즐거운 시간을 가졌어요. 말이 달릴 때마다 스쳐 지나가는 바람도 무척이나 좋았어요. 하지만 마음 한 구석에는 답답함이 있었어요. 그것은 바로 독서에 대한 열망이었어요.

집으로 돌아온 톰은 저녁식사 내내 고민을 했어요. 잠자리에 들어서도 밤새 뒤척였어요. 잠을 설친 톰은 아침이 밝자마자 제인 누나를 찾아 고민을 털어놓았어요.

"누나, 나 고민이 있어. 요즘 매일매일 챙겨야 하는 집안일과 찾아오는 손님 때문에 제대로 책을 읽을 수가 없어. 하루하루 시간은 가는데, 일상은 똑같아."

"톰, 손님들은 너를 보러 오는 거야. 네가 우리 집의 가장이잖니? 아버지가 계실 때를 생각해 봐. 아버지는 손님을 맞이하는 것을 정말 좋아하셨어. 그분들이 이제는 너를 만나러 오시는 거야."

누나의 말에 톰은 다시 생각에 잠겼어요. 아버지를 일찍 여읜 톰은 고민을 털어놓을 사람이 없었어요. 아버지 친구에게 편지를 보내 고민을 털어놓았지만, 해결 방법을 찾지 못했어요. 사촌들과 이야기를 나누어 보아도 답은 없었어요.

'결국, 내가 이 집을 떠나는 것이 가장 좋겠어. 내가 없으면 손님들이 더 이상 집에 오지 않을 거야. 나도 원하는 공부를 할 수 있게 될 것이고. 집에는 엄마와 누나들이 있고, 집안일은 잘 돌아가고 있으니 큰 문제는 없을 거야.'

톰이 집을 떠나기로 했을 때는 1759년 겨울로 그는 열여섯 살이었어요. 톰이 가기로 결정한 윌리엄 앤 메리 대학은 당시 버지니아에 있는 유일한 대학교로 톰의 집에서 꽤 먼 거리에 있었어요. 지금까지 톰이 다녀보았던 그 어떤 길보다 멀었지만, 톰은 자신의 미래를 향해 한발 더 나아가기로 결심했어요.

톰은 윌리엄스버그로 갈 준비를 하느라 많이 바빴어요. 대학에서 공부를 할 생각에 책도 많이 챙겼어요. 그리고 톰은 윌리엄스버그를 향해 출발했어요.

윌리엄스버그로 가던 중 톰은 댄드리지 대령 집에 들러 크리스마스를 보내기로 했어요. 그리고 댄드리지 대령 집에서 열린 무도회에 참석했어요.

'어라. 나만 옷차림이 너무 평범한가? 하기야 나는 공부하러 떠나는 길이니 신경 쓰지 말자.'

톰은 마음속으로 괜찮다고 생각했지만, 막상 무도회에 참석한 사람들을 보니 모두들 빛이 났어요. 평상시에는 옷차림에 전혀 신경을 안 쓰는 톰이었지만, 이날 만큼은 무척 신경이 쓰였어요. 톰은 다른 사람들의 세련된

옷차림에 자꾸 눈길이 갔어요. 자신의 평범한 옷차림을 다른 사람들이 비웃지나 않을지 걱정됐어요. 얼마쯤 지난 뒤, 톰의 눈에 한 남자가 들어왔어요. 그는 톰만큼이나 평범하고 촌스러운 옷차림을 하고 있었어요. 톰은 그 남자를 보며 한편으로는 안심했고, 한편으로는 그 남자가 궁금했어요. 그는 톰과 달리 자신의 옷차림에 전혀 주눅 들지 않았거든요. 오히려 화려한 말솜씨로 다른 사람들을 끌어 모았어요. 그의 말 한 마디, 한 마디에 사람들은 웃고 또 귀를 기울였지요.

"저 남자는 누구죠?"

"저 사람을 몰라요? 패트릭이에요, 패트릭 헨리."

톰은 패트릭이 혹시 부자이기 때문에 사람들의 환대를 받는 것은 아닐까 생각했어요. 그러고는 옆 사람에게 다시 물었어요.

"혹시 저 사람은 부자인가요?"

"천만에요. 그가 운영하던 가게가 얼마 전에 망해서 지금 그는 빈털터리일걸요!"

톰의 생각과는 달리 패트릭은 부자가 아니었어요.

'그렇다면 분명 유식한 사람일 거야! 그의 생각을 들어보고 싶은데, 어떻게 하면 이야기를 나누어 볼 수 있을까?'

톰은 패트릭과 가까워지고 싶었지만, 말을 걸기가 쉽지 않았어요. 하지만 패트릭이 다른 사람들과 나누는 이야기를 들으며 중요한 것을 깨달았어요. 패트릭은 모르는 분야가 없이 모든 분야에 대해서 누구와도 이야기를 나눌 수 있었어요. 이를테면 농사를 짓는 농장주와는 농작물에 대해서 이야기를 나누고, 건물을 짓는 건축가와는 벽돌에 대한 토론을 했어요. 파티를 흥겹게 해 주는 악기 연주가와는 모차르트에 대한 이야기도 나누었지요. 심지어 패트릭은 어린아이들도 웃게 만들었어요.

'사람에게 중요한 것은 외모가 아니라, 마음속에 그리고 머릿속에 무엇이 들어있는가였어. 멋진 외모와 세련된 옷차림이 중요한 것이 아니구나.'

톰은 며칠 동안 댄드리지 대령의 집에서 머무르면서 패트릭 헨리와 이야기할 기회를 잡았어요. 그리 오랜 시간은 아니었지만, 톰은 패트릭 헨리와 많은 대화를 나누었어요. 그러고는 패트릭과 자신 사이에 중요한 공통점이 있다는 사실을 깨달았어요.

패트릭은 자유에 대한 자신만의 확고한 생각이 있었는데 톰의 생각과 많은 부분에서 일치했어요. 톰과 패트릭은 둘 다 '모든 인간은 평등하게 태어났다.'고 생각했어요. 그렇기 때문에 모든 사람들이 함께 법을 만들고 각자 자신의 자유와 평등을 보장받아야 한다고 생각했어요.

윌리엄스버그 국회 의사당

사냥도 하며 즐거운 시간을 함께 보낸 것도 잠시 톰은 패트릭과 아쉬운 이별을 해야 했어요. 톰이 대학에 가야 했기 때문이에요.

댄드리지 대령의 집을 떠난 며칠 후, 톰은 윌리엄스버그에 도착했어요. 톰의 시선을 사로잡은 것은 윌리엄스버그의 큰 규모였어요. 윌리엄스버그는 톰이 살았던 섀드웰과는 비교도 안 되는 큰 도시였어요. 언덕 위에 집들이 마을을 이루던 터카호와도 비교할 수 없을 정도로 많은 건물이 줄지어 있고 더 많은 사람들이 살았어요. 윌리엄스버그는 당시 버지니아의 수도였어요.

'내가 살던 시골과 이곳은 많이 다르다. 몇 백 채의 집이 한곳에 몰려 있고, 진짜 많은 사람들이 이곳에 살고 있구나! 이 의사당 건물은 크고 웅장하네!'

톰은 윌리엄스버그의 규모 뿐만 아니라 특히 웅장한 의사당 건물에 마음을 빼앗겼어요. 당시 그는 먼 훗날 자신이 이 의사당에서 일을 하게 될 줄은 몰랐지요. 톰은 그저 큰 도시가 주는 화려함에 잠시 빠져들었어요.

1760년 3월, 톰은 윌리엄 앤 메리 대학에 입학했어요. 톰은 아주 작은 기숙사 방을 배정받았어요. 섀드웰 저택의 2층에 있던 자신의 큰 방과는 너무도 비교가 됐지만 톰은 누구의 방해도 받지 않고 공부할 수 있다는 사실이 즐거웠어요. 공부에 열중하면 시간 가는 줄도 몰랐어요. 시간이 가고 계절이 바뀌어도 톰의 공부에 대한 열정은 사그라들지 않았어요.

다양한 지식을 쌓은 대학 생활

톰의 대학 생활은 꿈만 같았어요. 하고 싶었던 공부를 마음껏 할 수 있었기 때문이지요. 톰의 대학 생활에 가장 많은 영향을 끼친 사람은 수학과의 윌리엄 스몰 교수였어요.

스몰 교수는 전공이 수학이지만, 깊은 인문학적 지식을 가지고 있었어요. 그는 당시 유럽에서 최고의 명성을 얻고 있던 프랜시스 베이컨이나 존 로크 등의 철학을 섭렵했어요. 또 과학의 시대를 열었던 아이작 뉴턴의 이론도 공부했어요. 철학과 과학을 꿰뚫는 스몰 교수의 지적 능력은 대단했어요.

윌리엄 스몰 교수

'나도 스몰 교수님처럼 다양한 분야에 지식을 쌓아야지.'

톰은 대학 생활 내내 쉴 새 없이 책을 읽고 공부했어요. 그는 어린 시절 더글러스 목사에게서 배웠던 프랑스 어와 그리스 어 공부를 다시 시작했어요. 프랑스 어는 당시 세계에서 가장 강한 나라 중 하나가 프랑스였기 때문에 익혀 둘 필요가 있었어요. 그리스 어는 그리스의 철학을 익히기 위해서는 필수였어요. 그렇게 톰은 대학 생활 내내 자신의 인문학적 소양과 지식을 쌓아 나갔어요.

톰은 고대 로마의 역사가인 타키투스에 빠져 한동안 책을 놓지 않았어요. 고대 그리스의 가장 오래된 서사시 작가인 호메로스의 글을 읽으며 인문학에 심취했어요. 톰은 호메로스의 《일리아드》와 《오디세이》를 독파하며 그리스 문학의 세계에 빠졌어요.

이외에도 역사와 의학, 음악에 심취했어요. 농장의 주인이었던 톰은 농사 지식을 다룬 책이나 집짓기에 관한 책도 섭렵했어요. 사회생활에 꼭 필요한 계약과 법률에 관한 책까지 읽었어요.

이처럼 톰은 영역을 가리지 않고 다양한 분야를 열심히 공부했어요. 그는 다양한 지식을 동시에 쌓는 일에 흥미를 느꼈어요. 서로 분야는 다르지만, 지식은 다 통한다고 믿었던 것이지요. 그에게 지적 영감을 준 스몰 교수처럼 모든 분야를 섭렵하는 사람이 되고 싶었어요.

톰은 자신도 모르게 인문학적 지식을 바탕으로 학문 간의 경계를 허물고 융합하는 지식인으로 성장하고 있었어요.

톰은 하루에 15시간 동안 책과 씨름했어요. 많은 시간을 쏟아 부었으나 진도는 잘 나가지 않았어요. 책의 한 문장 한 문장에 주의를 기울이는 독서 습관 때문이었어요. 톰은 책을 읽을 때면 항상 펜과 노트를 준비해 놓았어요. 책을 읽다가 자신이 생각하기에 중요한 부분이 나오면 책 읽기를 멈추고 메모를 했어요. 이때 자신의 생각을 함께 적어 두었어요. 이런 독서 습관으로 책을 읽는 시간은 오래 걸렸지만, 한 번 책을 읽으면 책의 내용이 머릿속에 고스란히 남았어요. 또 책에 대한 자신의 생각도 정리할 수 있었지요.

톰의 메모 습관은 다양한 지식을 융합하는 데 큰 도움이 되었어요. 톰은 언제나 말을 하기 전에 글로 자신의 생각을 정리했어요. 문장을 장황하게 늘어놓기보다는 정확하고 간결한 단어를 사용하여 자신만의 글을 완성했어요. 그 결과 뛰어난 글솜씨를 가지게 되었고 글을 통해 다른 사람을 설득하고 이해시킬 수 있었어요.

이처럼 톰은 밤낮으로 공부에 열정을 다했어요. 그런 톰에게 스몰 교수는 큰 관심을 보였어요.

"톰, 자네에게는 책이 가장 친한 친구인 것 같군."

"네, 책을 친구 삼아 공부해 교수님처럼 다양한 분야의 지식을 얻고 싶습니다."

"오, 자네에 대한 나의 기대가 더욱 높아지겠는걸. 한 분야만 공부하는 것도 좋지만, 다양한 책을 읽으면서 지식은 서로 영향을 미치고 모두 통한다는 사실을 깨달으면 좋겠네."

"네, 다양한 분야의 책을 가리지 않고 읽고 있습니다."

"좋은 생각이네. 그리고 자네 혹시 시간 좀 내줄 수 있겠나? 내가 소개해 주고 싶은 사람이 있거든."

"네, 저로서는 감사한 일입니다."

"독서를 하는 것도 중요하지만, 다른 사람들의 생각을 들어보고, 자신의 생각을 말하는 것도 중요해. 우리 모임에 자네를 초대하고 싶군."

스몰 교수는 자신의 친구들에게 톰을 소개했어요. 톰은 스몰 교수의 소개로 당시 유명했던 변호사 조지 위드를 알게 되었어요. 조지 위드와의 만남은 톰의 장래에 큰 영향을 끼쳤어요.

스몰 교수는 당시 버지니아 주의 주지사였던 프란시스 포퀴에도 소개해 주었어요. 프란시스 주지사는 사람들과 함께 톰을 가끔 자신의 집에 초대했어요.

"제퍼슨 군, 이번 토요일에 우리 집에서 하는 무도회에 오지 않겠어요?"

"초대해 주셔서 감사합니다. 꼭 가겠습니다."

톰은 주지사의 집에서 열리는 무도회에 여러 번 초대받았어요. 그때마다 톰은 많은 사람들의 의견을 듣고 자신의 식견을 넓혀 나갔어요. 자신이 그동안 책에서 얻은 지식을 뽐낼 수 있는 기회도 가졌어요.

톰은 자신의 특기인 바이올린 연주를 하며 무도회를 즐겼어요. 바이올린은 어린 시절 터카호에서 살 때 배워 두었던 것이지요. 터카호는 섀드웰

보다 큰 마을이었기 때문에 종종 파티가 열렸거든요. 톰의 멋진 바이올린 연주는 다른 사람의 시선을 끌기에 충분했어요. 공부만 하고 책만 읽는 줄 알았던 톰의 숨겨진 재능에 사람들은 차츰 호감을 가졌어요. 그가 어린 시절부터 즐겼던 승마와 바이올린 연주는 톰의 대학 생활에서 활력소가 되었어요.

법학의 길로 진로를 정하다

2년여 동안 열심히 공부한 결과 톰은 윌리엄 앤 메리 대학을 수석으로 졸업하는 영광을 누리게 되었어요. 톰은 사랑하는 가족들이 기다리는 집으로 향했어요. 그동안 대학을 다니느라 함께하지 못했던 가족들과 즐거운 시간을 보냈어요.

'집에 돌아오니 너무 좋은걸. 이제부터 어떤 일을 할지 고민해 보자.'

톰은 진로에 대해 깊이 고민했어요. 어엿한 성인이 된 톰은 아버지로부터 물려받은 농장의 실질적인 주인이었고, 모든 것에 책임을 질 나이가 되었어요. 하지만 톰은 대학을 다니며 다양한 책을 읽고 여러 분야를 공부한 탓에 진로를 한 가지만 정하는 것이 어려웠어요. 톰은 다양한 분야에 모두 관심이 많았거든요. 오랜 고민 끝에 톰은 진로를 법학으로 정했어요. 이 결정에 가장 많은 영향을 끼친 사람은 바로 조지 위드예요. 스몰 교수를 통해 만난 변호사지요.

조지 위드는 당시 버지니아에서 이름이 높은 변호사였어요. 법에 대한 지식이 탁월할 뿐만 아니라, 서양의 인문 고전에도 능통했어요. 다양한 책을 읽어 인문 고전을 섭렵하고자 했던 톰과 잘 통했지요.

"조지 변호사님, 변호사님에게 법학을 배우고 싶습니다."

"나 말고도 훌륭한 변호사가 많을 텐데."

"저는 꼭 변호사님께 법학을 배우고 싶습니다. 저는 법학이 인문 고전에 뿌리를 가지고 있다고 생각합니다. 변호사님께 인문 고전을 바탕으로 하는 법학을 배우고 싶습니다."

"허허허, 좋아! 내가 법학뿐만이 아니라 다양한 분야의 지식을 가르쳐 주지."

그렇게 해서 19세의 톰은 조지 위드에게 법에 관련된 여러 가지 교육을 받았어요. 당시에는 짧게는 몇 개월, 길면 1~2년 정도 법학을 공부하면 변호사가 될 수 있었어요.

하지만 톰은 변호사가 되기 위해 공부만 하는 것은 지루하다고 생각했어요. 톰이 진짜 알고 싶었던 것은 세상의 다양한 지식이었지요. 이런 톰에게 조지 위드는 진정한 스승이 되어 주었어요. 조지 위드는 책에 대한 사랑과 열정이 누구에게도 뒤지지 않는 사람이었어요. 그는 책을 수집하고, 사들이는 일에 돈과 시간을 아끼지 않았어요. 톰은 이런 조지 위드의 모습에 또 한 번 감동했어요. 그리고 조지 위드처럼 책을 모으기 시작했답니다. 조지 위드는 톰의 스승이었을 뿐 아니라 본보기였어요.

'나도 누구보다 책을 사랑할 자신이 있어.'

톰은 조지 위드의 사무실에서 책을 읽고 또 읽었어요. 이 시절 톰이 읽은 책의 수를 헤아리면 수천 권에 달해요. 조지 위드는 이런 제자가 사랑스러웠어요.

조지 위드는 자신이 죽을 때, 자신이 일평생 모은 책을 톰에게 아낌없이 물려주었어요. 자신 못지않은 책 애호가이자 독서광인 톰이 자신의 소

중한 책을 아껴 줄 것이라고 믿었기 때문이에요.

조지 위드는 자신이 가진 책뿐 아니라 자신이 알고 있는 모든 지식을 톰에게 물려주었어요. 서양의 고전과 문학을 읽고 이해하는 방법, 정치와 철학에 대한 이야기까지요. 톰은 조지 위드가 가지고 있던 다양한 분야의 지식을 빠르게 흡수했어요. 톰은 항상 질문이 많았고, 조지 위드는 톰의 질문에 성실히 답변해 주었어요. 그렇게 5년이 지났어요. 20대 중반의 젊은이로 성장한 톰은 변호사 시험을 치렀어요.

변호사 시험 합격은 당연한 일이었어요. 아마 톰은 몇 주만 공부했어도 변호사가 될 수 있었을 것이에요. 하지만 톰이 5년이나 공부한 것은 변호사 시험에 통과하는 것보다 조지 위드에게서 배우는 시간이 더 중요했기 때문이지요.

대표 없는 곳에 과세 없다

　변호사가 되기 위해 조지 위드 밑에서 공부하던 어느 날이었어요. 언젠가 제퍼슨을 꼭 찾겠다고 약속했던 한 청년이 찾아왔어요. 바로 패트릭 헨리였어요.
　"오랜만입니다. 톰, 아니 이제 제퍼슨라고 불러야겠군요."
　"아니에요, 패트릭. 그냥 편하게 톰이라고 부르세요."
　"이제 완전히 어른이 되었는걸요. 변호사 시험을 준비하고 있다면서요."
　"네, 법 공부를 하고는 있는데, 자꾸 다른 책을 읽게 되네요."
　"하하, 여전하군요. 내가 윌리엄스버그에 온 이상 자주 보게 될 거예요."
　"그래요. 나는 당신과 나누는 대화가 참 좋아요. 종종 들러 주세요."
　패트릭은 제퍼슨보다 7살 위였지만 둘은 친구처럼 종종 만나 즐거운 시간을 보냈어요. 주로 아메리카 식민지 사회의 중요한 문제를 토론했는데, 한 번 토론이 시작되면 끝이 날 줄 몰랐어요.

"톰, 최근 영국에서 온 중요한 뉴스 들었죠?"

"세금 문제를 말하는 거죠?"

"영국에서 우리에게 무리한 요구를 하고 있다고 하더군요."

톰은 생각에 빠져 아무런 대꾸를 하지 않았어요. 패트릭이 계속 말을 이어갔어요.

"이번 세금은 인지조례라는 것인데, 어마어마한 규모의 세금이에요. 우리가 읽는 신문과 같은 출판물, 편지나 카드, 법적으로 쓰이는 모든 증명에 관한 종이, 허가증과 같은 것에 세금을 붙이겠다는 거죠."

당시 영국의 왕 조지 3세는 본국의 재정 문제를 해결하기 위해 북아메리카 식민지에 각종 세금을 부과했어요. 세금이 쏟아지자 식민지인들은 대부분 패트릭처럼 울분을 토했어요. 패트릭은 참아 왔던 감정들을 제퍼슨에게 쏟아 내며 열변을 토했어요.

하지만 제퍼슨은 패트릭과 생각이 조금 달랐어요. 법과 세금에 관한 문제는 감정적인 문제가 아니라고 생각했어요. 영국 정부와 감정적으로 부딪치기보다는 논리적인 말로 영국 정부를 설득해야 한다고 믿었어요.

"패트릭, 영국 정부가 우리에게 세금을 요구하는 것은 잘못된 거예요."

"당연하죠, 톰. 다른 사람들의 생각도 대부분 그래요. 당신의 생각은 어때요?"

"제 생각은 '대표 없는 과세'라고 표현할 수 있을 것 같아요."

"대표 없는 과세? 어떤 의미죠?"

"저는 영국 의회에서 정한 인지조례는 영국에서만 법적인 효력을 지녀야 한다고 생각해요. 우리에게 어떠한 법을 지키게 하려면 우리의 대표도 영국 의회에서 법을 만드는 일에 참여해야 해요. 우리의 대표 동의 없이는 영국 정부가 우리에게 세금을 부여할 수 없다고 생각해요."

"흠. 톰, 역시 당신은 상당히 논리적이에요. 상황에 맞는 해결책을 제시하고 있군요."

패트릭은 톰의 논리 정연한 모습에 놀랐어요. 톰이 상황에 맞는 해결책을 낼 수 있었던 것은 그동안 읽어온 수많은 책에서 얻은 지식이 있었기 때문이었어요. 그 지식들을 일일이 자신의 생각과 함께 정리했던 메모 습관도 크게 작용했어요. 메모를 통해 논리 정연한 언변을 익힐 수 있었거든요. 그가 읽었던 다양한 분야의 지식들 하나하나가 융합되어 상황에 대한 해결책을 제시할 수 있었던 것이지요. 톰은 영국 정부의 세금이 옳지 않다고 느꼈어요. 이러한 톰의 생각은 점점 하나의 큰 가치로 만들어져 갔어요. 그리고 미국 독립에 대한 꿈으로 한 발자국 나아가게 되었답니다.

- 준비된 변호사
- 몬티셀로에서 함께할 동반자를 맞이하다
- 정치가의 길에 접어들다
- 막이 오른 미국 독립 전쟁
- 독립 선언서를 기초하다

새로운 가치 창조 · 다양한 지식의 융합 · 바른 인성

독립 선언서를 쓰다 3

어린 시절부터 독립적이었던 제퍼슨은 세상 모든 사람이 누구나 교육을 받고 성실하게 생활하면 자신의 삶을 책임질 수 있다고 믿었어요. 그가 항상 마음속에 간직했던 독립심은 미국의 독립 혁명에 중요한 밑거름이 되었어요. 그는 자신이 제일 자신 있었던 글솜씨로 미국의 독립에 대한 신념을 적어 나갔어요. 이것이 바로 그 유명한 '독립 선언서'랍니다.

준비된 변호사

1767년 제퍼슨은 드디어 변호사가 되었어요. 처음 변호사로서 법정에 서는 날, 제퍼슨은 등에 식은땀이 흐를 정도로 긴장했어요. 원래도 말솜씨가 뛰어나지 않았는데 목소리까지 떨렸지요.

'휴, 나는 변호사인데 이렇게 다른 사람들 앞에서 말하는 것이 힘들다니. 이래서야 누가 내게 변호를 맡길까? 패트릭처럼 말을 잘하고 싶은데.'

재판이 끝나고 제퍼슨은 자기 자신을 탓했어요. 말솜씨가 뛰어나지 않은 것을 극복하기 위해서는 더 치밀하게 재판을 준비해야 된다는 것을 깨달았어요. 머릿속에 들어 있는 내용이 말로 잘 표현이 안 되는 것부터 고쳐야 했어요. 아무리 논리적인 내용도 흔들림이 없이 이야기해야 사람들에게 믿음을 줄 수 있기 때문이지요.

집으로 돌아온

제퍼슨은 곧바로 다음 재판을 준비했어요. 재판 때 이야기할 내용을 깔끔하게 글로 정리해 보았어요. 여러 가지 상황을 가정하여 반박하는 글도 미리 써 보았어요. 그리고 끊임없이 연습하고 외웠어요.

'여러분, *피고인은 너무나도 억울합니다. 여러분들도 제가 말씀드린 내용에 충분히 공감할 것입니다. 사람은 모두 다 독립적인 존재로 태어나 자유 의지를 가지고 살아갑니다. 남에게 피해를 주지 않는다면 큰 문제가 되지 않을 것입니다. 저의 의뢰인도 마찬가지입니다.'

제퍼슨은 몇 번이고 같은 내용을 반복하며 연습하였어요.

'여러분. 피고인은 남에게 피해를 주려고 이런 행동을 한 것이 아닙니다. 그의 의도와는 다른 결과가 나온 것입니다. 그는 충분히 미안한 마음을 전달하였으며, 피해를 입은 사람에게 사과하였습니다. 그는 그의 행동을 뉘우치고, 후회하고 있습니다. 존경하는 판사님, 그리고 이 자리에 계신 여러분, 제 의뢰인에게 선처를 부탁드립니다.'

***피고인** 형사 소송에서, 검사에 의해 형사 책임을 져야 할 자로 재판을 받는 사람.

제퍼슨은 거울을 보며 표정까지 연습했어요. 그는 말의 빠르기를 조절해 연습하고, 의뢰인의 마음속을 들여다보기 위해 노력했어요. 제퍼슨은 재판에서 이기는 날이 많아지면서 점점 자신이 생겼고 말솜씨도 좋아졌어요. 그의 논리는 언제나 막힘이 없었답니다.

제퍼슨은 변호사가 된 첫 해에 60여 건의 사건을 맡으면서 변호사로서의 능력을 인정받았어요. 그가 훌륭한 변호사라는 소문이 나면서 이듬해에는 두 배가 넘는 사건을 맡아 변호했어요. 제퍼슨은 의뢰 받은 모든 사건에 최선을 다했어요. 제퍼슨은 승승장구했고, 더 많은 변호를 의뢰 받았어요. 변호사 3년차가 되던 해에는 첫 해의 3배가 넘는 사건을 맡았어요. 제퍼슨이 변호를 맡는다는 것은 재판에서 승리할 수 있다는 것을 의미했어요. 자신의 단점인 부족한 말솜씨를 차분한 성격과 노력, 그리고 논리 정연함으로 극복한 결과였지요. 제퍼슨은 이틀에 한 건씩 진행되는 바쁜 재판 일정에도 성실하게 자신의 의뢰인을 변호했어요.

하루는 남루한 차림의 중년 남자가 제퍼슨을 찾아왔어요.

"제퍼슨 변호사님, 억울한 일이 있어 찾아왔습니다. 저를 도와주실 수 있나요?"

제퍼슨이 미소를 지으며 고개를 끄덕이자 중년의 남자는 흐느끼며 말을 이어갔어요.

"그런데 제가 재판을 할 만한 돈이 없습니다. 변호 비용을 깎아 주실 수 없으신지요? 염치없습니다."

"그런 것이라면 개의치 마십시오. 돈은 나중에 생기면 주시면 됩니다. 일단 선생님의 억울한 사정을 들어볼까요?"

"변호사님 정말 감사합니다. 다들 돈 없이는 변호 받기 어려울 거라 했는데, 저를 구해 주셨어요."

제퍼슨을 믿고 찾아오는 사람들은 점점 늘어갔지만 수입은 그에 비례하지 않았어요. 제퍼슨은 변호한 것에 대한 대가를 꼬박꼬박 챙겨 받는 것을 중요하게 생각하지 않았기 때문이에요. 자신이 받아야 할 돈의 3분의 1 정도만 받았을 뿐이에요. 제퍼슨은 6년 동안 변호사 일을 하면서 다양한 사람들의 삶에 참여하고 스스로 성장할 수 있는 기회를 얻는 것을 더 소중하게 생각했어요. 돈을 버는 것보다 자신이 원하고 만족하는 일을 하는 것이 더 행복했던 것이지요.

몬티셀로에서 함께할 동반자를 맞이하다

제퍼슨은 변호사로 일하던 중 일생을 같이 하게 될 여인을 만났어요. 그 여인은 이미 한 번의 결혼을 했던 여자였어요. 제퍼슨은 세상 사람들이 생각하는 기준에 맞춰 인생을 사는 것이 어리석다고 생각했어요. 제퍼슨의 마음이 그녀를 원하고 있었기 때문이지요.

그녀는 변호사인 존 웨일즈의 딸 마사 웨일즈였어요. 마사는 사교적인 성격으로 여러 사람들과 어울렸고, 웨일즈의 집에서 열리는 파티에 제퍼슨도 자주 참석했어요. 마사는 파티에서 *하프시코드를 연주하며 흥을 돋우었어요. 제퍼슨도 어린 시절부터 켜 왔던 바이올린을 연주했어요. 둘의 연주는 참으로 아름다웠어요. 파티에 온 사람들은 연주가 끝날 때마다 박수를 치며 환호했어요.

***하프시코드** 그랜드 피아노를 작게 만든 것처럼 생긴 대형 쳄발로.

제퍼슨은 일이 일찍 끝나는 날이면 마사의 집으로 향했어요. 그녀와 보내는 시간이 제퍼슨에게는 축복과도 같은 시간이었어요. 제퍼슨과 마사는 악기를 연주하며 사랑을 키워 나갔어요. 제퍼슨은 사랑하는 마사를 위해 유럽에서 새로 나온 피아노를 사서 선물하기도 했지요.

제퍼슨이 마사에게 청혼하려고 할 때쯤 큰 문제가 생겼어요.

"주인님, 전해 드릴 소식이 있어요."

마사와 즐거운 시간을 보내고 집에 돌아온 제퍼슨에게 시저가 근심이 가득한 표정으로 말했어요.

"고향 섀드웰에 불이 났답니다. 집이 모두 타 버렸대요. 다행히 주인 마님과 아씨들은 무사하시고요."

"섀드웰이 불타 버렸다고? 당장 가 봐야겠군."

제퍼슨은 섀드웰까지 한걸음에 내달렸어요. 섀드웰 집은 어린 시절부터 가족과 추억을 나누었던 곳이었기에 제퍼슨은 상심이 컸어요. 또 그가 그토록 아끼던 책도 모두 잿더미로 변했어요. 아버지가 물려주신 책도 제퍼슨이 모았던 책도 모두 사라졌어요. 남은 것은 자신이 늘 연주했던 바이올린뿐이었어요. 아버지를 기억할 수 있는 장소와 책이 사라졌다는 사실에 제퍼슨은 고통스러웠어요.

'아버지께서 하나하나 직접 일군 집이었는데 이렇게 사라져 버리다니! 아버지의 책도 다 타 버렸어. 다른 것이 다 타도 아버지의 책만큼은 타지 않았으면 좋으련만.'

제퍼슨은 불타 버린 섀드웰의 집이 늘 그리웠어요. 그리고 새 집은 자신의 손으로 직접 지어 사랑하는 가족과 함께하고 싶었어요. 제퍼슨은 섀드웰 집이 타 버린 자리에 새로운 집을 짓기로 결심했어요. 그는 새 집을 짓기 위해 또다시 건축과 관련된 책을 읽기 시작했어요. 제퍼슨은 책에서 얻은 지식을 바탕으로 새 집을 직접 디자인했어요. 또, 틈틈이 공사 현장에 가서 공사가 진행되는 모습을 감독했어요.

"오셨습니까? 주인님."

"내가 말한 대로 공사는 잘 되고 있겠지?"

"예, 걱정 마십시오. 워낙 설계도를 잘 그려 주셔서 공사가 빠르게 진행되고 있답니다. 다음번에 오실 때까지 기초를 잘 다져 두겠습니다."

"잘 부탁하네. 이번 주에 할 일을 여기에 적어 두었으니 꼭 확인하고."

"네, 걱정 마십시오."

집 공사는 순조롭게 진행되고 있었어요. 그러나 집을 짓는 속도보다 마사에 대한 사랑의 속도가 더 빨랐어요. 근사한 새 집을 지어 결혼 생활을 시작하고 싶었지만 더 이상 기다릴 수 없었어요. 제퍼슨은 스물아홉 살이던 1772년의 어느 날, 마사에게 청혼했어요.

"마사, 사랑합니다. 나와 결혼해 주겠소?"

마사는 흔쾌히 제퍼슨의 마음을 받아 주었어요.

"좋아요, 제퍼슨. 당신을 믿고 함께하겠어요."

제퍼슨은 새로 짓는 집 옆에 자그마한 오두막을 지었어요. 그리고 마사

와 결혼 생활을 시작했어요. 제퍼슨은 새 집을 잘 지어야겠다고 마음먹었어요. 다시 꼼꼼하게 설계도를 확인했어요.

'사랑하는 마사와 우리 가족이 함께 살 집이니 빈틈이 없어야 해. 안전하고 평화롭고 사랑과 여유가 넘치는 집을 지어야지.'

제퍼슨은 공사 중에도 수많은 아이디어를 냈어요. 제퍼슨은 집의 외관만 신경 쓰지 않고 각 방의 쓰임에 따라 내부를 설계했어요. 집 안 곳곳에 제퍼슨의 생각이 안 들어간 곳이 없었어요. 그가 읽었던 수많은 책들에 담긴 생각들을 자신만의 집짓기에 적용했어요.

마침내 오랜 공사 끝에 새 집이 완성되었어요. 제퍼슨은 새 집을 '작은 산'이라는 뜻의 이탈리아 어 '몬티셀로'라고 이름을 지었어요. 몬티셀로의 정원 아래로는 흑인 노예 200여 명이 머무를 집들도 완성되었어요. 버지니아 지역의 가장 구석진 곳이던 섀드웰에 역사적으로 중요한 건축물이 완성된 거예요. 현재 이 건물은 제퍼슨을 기념하는 역사적인 공간으로 일반 대중들에게 공개되고 있어요.

제퍼슨의 변호사 생활은 *탄탄대로였어요. 하지만 언젠가부터 제퍼슨은 아쉬움을 느끼기 시작했어요.

'처음엔 변호사 일이 마냥 즐거웠는데, 지금은 내 마음을 울리지 못하고 있구나. 마음 한구석이 허전해. 무언가 내가 해야 할 일이 더 있는 것

***탄탄대로** 험하거나 가파른 곳이 없이 평평하고 넓은 큰길.

만 같아. 어떻게 해야 할까? 내게 맞지 않는 일이라면 지금이라도 그만두는 게 좋지 않을까?'

1774년, 제퍼슨은 많은 고민 끝에 변호사를 그만두기로 했어요. 31살의 청년 제퍼슨은 새로운 길을 택했어요. 그것은 바로 정치가의 길이에요. 제퍼슨은 변호사로 이름을 알리며 지역 사회에서 크고 작은 일을 맡았는데 그중 하나는 식민지 버지니아 의회의 의원이었어요. 제퍼슨은 식민지 버지니아 의회의 의원으로 활동하며 정치에 관심을 가지게 되었어요. 비록 변호사 일은 그만두었지만, 그동안의 변호 경험은 그의 정치 인생에 큰 디딤돌이 되었답니다.

역사 식민지 버지니아 의회

청년 제퍼슨이 살았던 18세기 북아메리카는 유럽 여러 나라에게 식민 지배를 받았어요. 버지니아 지역을 포함한 13개 주는 영국의 식민 지배를 받고 있었답니다. 하지만 영국은 북아메리카 식민지에 비교적 많은 자유를 주었어요.
각 주별로 의회를 가질 수 있었고, 의회에서는 각 지역의 문제에 대해 많은 부분을 결정할 수 있었답니다. 제퍼슨이 살았던 버지니아 지역도 마찬가지였어요. 미국이 독립하기 전에 각 지역에 운영되던 의회에는 '식민지'라는 말을 붙인답니다. 제퍼슨은 식민지 버지니아 의회의 의원이 되었던 것이지요.

정치가의 길에 접어들다

    1769년 5월 제퍼슨은 식민지 버지니아 의회의 의원으로 선출되어 정치인의 길을 가기 시작했어요. 제퍼슨은 5년 동안 의원으로 활동했어요. 그는 자신이 말솜씨가 뛰어나지 않다는 것을 잘 알았어요. 그렇기 때문에 주로 법안의 초안을 잡는 역할을 했어요.
    "제퍼슨 의원님, 지난 의회에 제출하신 법안이 인상적이었어요."
    "아, 그랬습니까? 감사합니다."
    "이번에 제출하신 법안에 대해 의원들에게 설명해 주실 수 있나요?"
    "아……. 저보다는 말씀을 잘하시는 분이 법안 설명을 해 주시면 좋겠어요. 저는 법안을 작성만 하는 편이 나을 듯합니다. 저는 말보다 글로 표현하는 것이 편하거든요. 앞으로도 저는 법안 작성을 주로 맡아서 하겠습니다."
    제퍼슨이 처음으로 제안한 법률은 노예 해방에 관한 것이었어요. 당시 버지니아에서는 노예를 자유롭게 풀어줄 수 없었는데 노예의 소유자가 노예를 해방시킬 수 있는 권리를 주기 위한 법을 만든 거예요. 이 법안은 의회에서 통과되지 못했지만, 나중에 제퍼슨에게 '자유의 *사도'라는 별명을 안겨 주었답니다.
    '우리 백인은 오랜 시간 흑인을 곁에서 봐 왔지만, 이제까지 단 한 번도

---

  *사도 거룩한 일을 위해 헌신하는 사람.

그들을 인정하려 하지 않았다. 흑인이 백인보다 정신적 또는 신체적으로 *열등하다는 것은 *의혹에 불과하다.'

　제퍼슨 스스로가 200여 명의 흑인 노예를 소유한 농장주였음에도 이러한 생각을 할 수 있었던 것은 인간으로서 노예의 처지를 공감했기 때문이에요. 노예도 스스로 독립적으로 살아갈 수 있다는 그의 생각은 당시의 상황을 고려해 볼 때 대단히 훌륭한 생각이었답니다. 기존의 사회에서 생각하지 않았던 새로운 가치를 추구한 것이지요.

　제퍼슨이 버지니아 식민지 의회 의원으로 법안의 *기초를 담당하면서 점점 그의 글솜씨와 문장력을 인정하는 사람들이 많아졌어요. 제퍼슨은 의회에서 꼭 필요한 사람이 되었고 중요한 법안은 반드시 제퍼슨의 손을 거쳐야 했답니다.

　제퍼슨이 의원으로 활동한 지 4년째가 되던 1773년 12월 아주 중요한 사건이 일어났어요. 바로 '보스턴 차 사건'으로, 미국 독립 혁명의 시작을 알리는 역사적인 사건이지요. 보스턴 항에 정박해 있던 영국 배에서 홍차 상자를 일부 식민지인들이 바다에 던져 버린 사건이었어요.

　"히야! 영국 놈들 꼴좋다. 그렇게 좋아하던 홍차가 바다에 빠지는 모습을 영국 놈들이 봐야 하는데."

***열등** 보통의 수준이나 등급보다 낮음.
***의혹** 의심하여 수상히 여김.
***기초** 글의 초안을 잡음.

독립 운동에 불 지핀 보스턴 차 사건

보스턴 차 사건이 일어날 당시 북아메리카 식민지에는 영국 정부의 계속된 세금 부과에 반감을 가진 사람들이 늘어나고 있었어요. 하지만 아직 영국 정부로부터 독립하겠다는 생각을 가진 사람은 많지 않았답니다. 이런 상황에서 영국 정부는 식민지인들의 주 수입원이던 홍차 거래에 세금을 부과했어요. 이러한 영국 정부의 조치로 식민지인들은 경제적으로 큰 타격을 받았어요. 결국 150여 명의 사람들이 인디언으로 변장하고 보스턴 항에 정박해 있던 영국 배에서 홍차 상자를 바다에 던져 버렸어요. '자유의 아들들'이라고 불리우는 이들은 식민지인들의 분노를 대신하여 행동으로 영국 정부에 자신들의 의사를 표시했답니다.

보스턴 차 사건 이후로 영국 정부는 식민지인들을 더욱 압박했고, 대부분의 식민지인들은 영국 정부로부터의 독립을 결심했어요. 홍차 상자가 바다에 던져지지 않았더라면 식민지인들의 독립을 향한 의지가 불타오르지 않았을 거예요. 그리고 지금의 미국은 없었을지도 모른답니다.

1773년 보스턴 차 사건을 묘사한 석판화

"그러니까 예전처럼 우리에게 자유를 주었으면 좋았잖아."

"그러게, 이렇게 우리의 자유를 억압하고 세금까지 올리면 도저히 참을 수가 없지. 우리도 먹고 살아야 하는데 말이야."

"앞으로 영국 정부에서 어떻게 나오나 좀 더 지켜보자고."

홍차 상자가 바다에 버려졌다는 사실을 보고 받은 영국 정부는 식민지인들을 더욱 억압하기 위해 여러 가지 법을 만들었어요. 그리고 사건이 일어난 보스턴 항구를 폐쇄했어요. 식민지인들은 더 이상 영국 정부의 조치를 참을 수 없었어요.

당시 보스턴 항구는 매사추세츠 식민지에 속해 있었어요. 매사추세츠 식민지인들은 다른 식민지에 이러한 영국의 횡포를 알렸어요. 영국의 횡포가 다른 식민지에도 영향을 미쳐 식민지인들의 자유를 침해할 것이라고 주장했어요.

"이제는 우리가 힘을 합쳐 일어서야 한다고 생각합니다."

"우리도 매사추세츠 주와 힘을 합쳐 영국에 맞서겠습니다."

매사추세츠 식민지인들의 용기 있는 결정에 많은 식민지인들이 지지를 보냈어요. 버지니아 식민지에서도 매사추세츠 식민지를 지지하며 영국 정부에 저항했어요. 제퍼슨은 이 저항의 중심에 있었어요. 제퍼슨은 버지니아 식민지를 비롯한 모든 북아메리카의 식민지들이 영국 정부의 간섭을 받을 이유가 없다고 주장했어요.

"영국 정부는 우리를 간섭해서는 안 됩니다. 우리 버지니아 지역에 대한 권리는 버지니아를 건설한 우리에게 있습니다. 영국 정부는 매사추세츠 지역에 대한 부당한 간섭을 중지해야 합니다. 우리는 같은 식민지로서 매사추세츠 지역을 도와 영국 정부에 맞서야 합니다."

제퍼슨의 논리 정연한 말에 모두들 고개를 끄덕였어요. 하지만 제퍼슨의 거침없는 주장에 놀라움을 표현한 사람도 꽤 많았어요. 이들은 영국 정부에 저항하면 자신들의 생명과 지위가 위험해질 것이라고 생각했어요. 이들의 우려는 당연한 것이었어요. 버지니아는 여전히 영국의 식민지였고, 영국 정부에 저항하는 것은 곧 반역을 의미하기 때문이지요.

제퍼슨이 속해 있던 식민지 버지니아 의회는 본격적으로 영국 정부에 저항했어요. 그러자 영국 정부는 식민지 총독을 파견해 식민지 버지니아 의회를 해산시켰어요. 하지만 제퍼슨은 놀라거나 실망하지 않았어요. 오히려 미국이 독립할 기회가 될 수 있다고 생각했어요.

'지금은 영국 정부의 명령에 복종해야 한다는 사람이 많지만, 조금 더 시간이 지나면 모두 힘을 합치게 될 거야. 자유를 빼앗기면 저항하는 것이 당연해. 결국 식민지인 모두가 영국 정부에 저항하게 될 거야.'

영국의 왕 조지 3세는 버지니아 식민지인들의 요구에 관심도 없었어요. 오히려 그는 북아메리카의 모든 식민지인들에게 더 많은 세금을 요구했어요. 버지니아 사람들은 의견이 분분했어요. 영국의 왕과 맞서 싸워야 할지, 아니면 영국 정부의 명령에 복종해야 할지 고민이 많았어요.

이때 패트릭 헨리가 자신의 주장을 펼쳤어요. 1775년 3월의 일이었어요.

그는 자유를 주장해야 한다는 연설의 마지막에 이렇게 말했어요.

"나는 자유가 아니면 죽음뿐이요!"

"옳소! 나도 패트릭의 의견에 동의합니다."

"내 비록 보잘 것 없지만, 패트릭과 함께 자유를 위해 싸우겠소."

"북아메리카 대륙 내 13개 식민지가 함께 뭉쳐야 합니다!"

"두렵지만 나와 내 가족을 지키기 위해 저도 동참하겠습니다."

패트릭의 연설이 끝나자마자 많은 사람들이 패트릭의 주장에 지지를 보냈어요. 패트릭의 연설은 삽시간에 버지니아 전 지역에 알려졌어요. 그의 연설 내용은 신문에 실렸고, 북아메리카의 전 식민지에 퍼져나갔어요. 버지니아 사람들은 자유를 지키기 위해 영국과 맞서야 한다는 사실을 깨달았어요.

제퍼슨도 패트릭의 의견에 깊이 공감했어요. 그리고 자유를 지키기 위해 어떤 노력을 해야 할지 고민하기 시작했어요. 그는 모든 식민지인들이 하나가 되어야 영국 정부에 맞설 수 있다고 생각했어요. 영국 정부에 저항하는 것은 마음을 단단히 먹어야만 하는 일이었답니다.

'만에 하나 일이 잘못되면 지금까지 쌓아 온 모든 것이 헛일이 될 수 있다. 지금 나는 중요한 결심을 해야 한다. 나와 내 가족, 그리고 나의 자유와 식민지인 전체의 자유를 지키기 위해 이 자리에 서 있다.'

식민지 버지니아 의회는 영국 정부의 보스턴 항구 폐쇄에 저항했어요. 의원들 중 가장 강력하게 목소리를 낸 사람은 제퍼슨이에요. 제퍼슨은 보스턴 항구가 폐쇄되는 첫날, 버지니아 사람들 모두가 금식하고 기도하자고 주장했어요. 식민지 버지니아 의회는 제퍼슨의 주장을 받아들여 실행에 옮겼어요. 이제 영국 정부에 대한 식민지 사회의 저항은 점점 더 돌이킬 수 없는 상황으로 치달았어요.

버지니아의 사람들은 자신들을 대표할 단체를 만들었어요. 임시로 버지니아의 정부를 만든 셈이지요. 당시 제퍼슨은 몸이 아파 직접 참여하기 어려웠지만 그렇다고 침대에만 누워 있을 수 없었어요. 제퍼슨은 글솜씨를 발휘하여 영국 정부에 맞섰어요.

'버지니아는 버지니아로 이주해 온 사람들의 노력과 돈으로 세워졌습니다. 아메리카로 이주한 우리들에게 아메리카에 대한 권리가 있습니다. 영국 정부는 영국의 일에만 신경을 써야 한다고 생각합니다. 우리 아메리카는 영국의 간섭 없이 우리 스스로 다스릴 수 있습니다.'

제퍼슨의 글은 영국 정부를 자극한다는 이유로 채택되지 않았어요. 이 글은 한참 뒤에 출판되어 세상에 알려졌어요. 그리고 제퍼슨이 기초한 독립 선언서와 함께 미국 역사에서 중요한 문서로 평가받게 되었답니다.

막이 오른 미국 독립 전쟁

13개 식민지 사람들은 영국 정부의 탄압을 받고 있던 매사추세츠 식민지와 힘을 합쳐 영국 정부에 대항하기로 했어요. 이들은 1774년 9월, 영국 정부의 탄압에 맞서기 위해 필라델피아에 모였어요. 제1차 대륙 회의가 열린 거예요.

"13개 식민지 대표 여러분, 필라델피아까지 와 주셔서 감사합니다. 지금부터 회의를 진행하겠습니다. 영국 정부는 아메리카 식민지의 법을 만들 권리가 없습니다. 우리는 스스로 다스릴 수 있으며 영국 정부로부터 간섭받기를 원하지 않습니다. 그렇지 않습니까?"

"맞습니다. 하지만 슬기롭게 대처해야 합니다. 영국과 직접적으로 전쟁을 벌이는 것은 우리 자신을 위험에 빠뜨릴 수 있습니다."

"하지만 지금 영국 정부가 하는 모습을 보면 참기 어렵습니다."

"그렇습니다. 자유가 필요하다면 영국 정부와 싸워야 합니다. 우리 모두 마음을 단단히 먹고 준비해야 합니다."

대륙 회의에 모인 각 식민지의 대표들은 영국 정부의 간섭은 식민지인들에 대한 권리 침해라는 것을 다시 한 번 밝혔어요. 대표들은 영국 정부가 식민지를 탄압하는 것을 그만두지 않으면 다시 모이기로 결정한 뒤 해산했어요. 하지만 영국 정부는 식민지에 대한 간섭을 멈출 생각이 없었어요.

1774년 9월 필라델피아 카펜터스 홀에서 열린 제1차 대륙 회의 모습

결국 영국 정부와 식민지인들 사이에는 소통할 수 없는 큰 벽이 생겼어요. 식민지인들에게 남겨진 선택은 전쟁뿐이었지요. 1775년 4월 19일, 영국군과 매사추세츠 민병대가 렉싱턴에서 전투를 시작하며 미국 독립 전쟁이 시작되었어요.

렉싱턴 전투를 그린 그림

같은 해 5월 제2차 대륙 회의가 열렸어요. 제퍼슨은 버지니아 식민지의 대표로 대륙 회의에 참여했어요. 모든 식민지 대표들은 영국과 전쟁할 것을 결의했고 각 식민지로 돌아가서 지역별로 군대를 조직했어요. 그리고 힘을 합쳐 대륙 연합군을 조직해 영국군에 맞섰어요. 대륙 연합군의 총사령관에는 조지 워싱턴 장군이 임명되었지요.

전쟁이 시작되었지만 제퍼슨은 잠시 고향으로 돌아가야만 했어요. 어머니가 편찮으셨기 때문이었어요. 아버지가 돌아가시고 홀로 자식들을 키운 어머니에게 장남인 자신이 필요하다고 판단했어요.

"제가 그동안 공부와 일만 한다고 어머니께 소홀했어요. 이제부터는 제가 곁에 있을게요."

"아니다. 지금은 중요한 시기가 아니더냐? 넌 버지니아에서뿐만 아니라 식민지 전체에서도 중요한 사람인데."

"여기 버지니아에서도 제가 할 일이 있어요. 어머니, 걱정 마세요. 앞으로 제가 어머니 곁에 있을게요."

"고맙구나. 오늘따라 네 아버지 생각이 많이 나는구나. 살아 계셨다면 너를 대견하게 생각하셨을 거야."

제퍼슨은 어머니를 곁에서 돌보면서도 버지니아 민병대 지휘관의 역할을 충실히 수행했어요. 한편, 대륙 연합군은 1776년 봄 벙커힐 전투에서 승리를 거두며 독립의 희망을 높여 갔어요. 같은 해 5월 버지니아는 13개 식민지 가운데 가장 먼저 독립 선언을 했어요. 6월에는 버지니아의 대표인 리처드 헨리 리가 대륙 회의에서 모든 식민지가 각각 영국에서 벗어나 독립적인 나라를 세울 것을 제안했어요.

"북아메리카 대륙의 13개 식민지는 모두 영국 정부로부터 독립해야 합니다. 또 버지니아처럼 각각 정부를 세우고, 각각 헌법을 만들어 독립 국가가 되어야 합니다. 이제 우리는 영국 정부의 명령을 들을 이유가 없습니다."

독립 선언서를 기초하다

북아메리카 내 독립의 분위기는 점점 고조되었어요. 이러한 분위기에는 대륙 연합군의 승리가 크게 한몫했어요. 또 토머스 페인의 글도 큰 역할을 했어요. 페인은 1776년 1월 〈상식〉이라는 소책자를 출판했어요. 50쪽

제퍼슨의 사상에 영향을 준 토머스 페인

- 제퍼슨은 〈상식〉을 쓴 토머스 페인의 영향을 받아 미국 독립에 이바지하게 되었어요. 토머스 페인을 만나 볼까요?

토머스 페인

 책 제목이 〈상식〉인데, 상식이라는 것은 '누구나 다 알고 있는 지식'이 아닌지요? 그렇게 제목을 붙이신 이유가 무엇인가요?

 제가 말씀드린 상식은 알고 계시는 상식의 사전적 의미보다 더 많은 의미를 담고 있답니다. 한 명의 군주가 너무 많은 권력을 가지면 자연스럽게 *부정부패가 생겨납니다. 또, 영국의 조지 3세와 같은 군주 밑에서 자유를 지키고자 하는 것도 당연한 이치입니다. 이러한 것들이 저나 식민지인들에게 상식인 것입니다.

 그 자유를 지키기 위해 어떻게 해야 하죠?

 당연히 맞서 싸워야지요. 제 글을 읽은 식민지인이라면 누구나 애국심을 가지고 영국에 맞설 것이라 생각합니다.

 토머스 제퍼슨이 〈상식〉을 읽고 미국 독립 선언서를 작성했다는데요?

 네. 영광이죠. 제 사상이 제퍼슨에게 좋은 영향을 끼쳐서 저도 기쁩니다.

***부정부패** 바르지 못하고 부패함.

밖에 되지 않은 이 책에서 페인은 아메리카 식민지가 독립을 해야 할 필요성을 강하게 펼쳤고, 이 책은 날개가 돋힌 것처럼 잘 팔렸어요. 식민지인들 중에 페인의 글을 읽지 않은 사람이 없을 정도였어요. 제퍼슨도 이 책을 읽고, 페인을 존경하게 되었지요.

대륙 회의에서도 독립의 분위기를 뜨겁게 달궈 줄 독립 선언서를 제작하기로 했어요.

대륙 회의는 제퍼슨과 존 애덤스, 벤저민 프랭클린, 로저 셔먼과 로버트 리빙스턴까지 5명을 '독립 선언서'의 초안을 만드는 위원으로 선정했어요. 이들은 당시 이름만 들어도 누구나 다 아는 쟁쟁한 사람들이었어요. 존 애덤스는 매사추세츠의 *반영 운동을 이끈 지도자이자 변호사였고 훗날 미국의 제2대 대통령이 돼요. 벤저민 프랭클린은 식민지 자치에 대해 영국 정부 관리들과 토론에 나섰던 '식민지 대변인'으로 미국 건국의 아버지라 불리게

독립에 나서자

*반영 운동 영국에 반대하는 운동.

됩니다. 로저 셔먼과 로버트 리빙스턴도 유명한 정치가이자 변호사였어요.

제퍼슨은 이들에 비해 상대적으로 나이가 어렸어요. 독립 선언서 초안을 같이 쓰게 된 프랭클린이 70세였으니 33세의 제퍼슨과는 무려 37살 차이가 났어요. 제퍼슨이 초안 작성자에 뽑힌 것은 대단한 일이에요. 대륙 회의의 수많은 사람들이 제퍼슨의 글솜씨를 훌륭하다고 인정했던 것이지요. 제퍼슨은 이들과 당당히 어깨를 겨루며 독립 선언서를 작성했답니다. 독립 선언서 초안 작성 위원 다섯 명 중 제퍼슨이 거의 대부분의 내용을 작성했어요. 제퍼슨은 독립 선언서 작성에 심혈을 기울였어요. 지금까지 그가 읽었던 철학, 역사, 정치에 관련된 수많은 책의 내용을 머릿속에 정리했어요. 제퍼슨은 존 로크의 계몽 사상을 바탕으로 글을 쓰기 시작했어요. 또, 조지 메이슨이 버지니아 헌법 제정 회의에서 쓴 〈권리 선언〉을 비롯한 수많은 *명저들을 참고했어요. 그리고 제퍼슨은 자신만의 생각을 간결하고 논리적으로 정리하며 독립 선언서를 적어 내려갔어요.

'모든 인간은 평등하게 태어났다. 우리는 그것을 믿는다. 누구든지 교육을 받고 성실하게 살면 가치 있는 삶을 살 수 있다. 모든 인간은 자유롭게 살아가야 하며 어느 누구도 다른 사람의 삶에 강제로 영향력을 행사해서는 안 된다. 이 모든 것이 당연한 일이라면, 우리 아메리카가 영국으로부터 독립하는 것 또한 당연한 일일 것이다.'

***명저** 훌륭한 책.

존 로크

존 로크는 17세기 영국의 철학자예요. 그의 계몽사상은 유럽 전역에 영향을 끼쳤으며, 제퍼슨이 초고한 미국 독립 선언서에도 큰 영향을 미쳤답니다.
그는 사람들이 서로 자신의 생명과 재산, 자유를 안전하게 보호하기 위해 계약을 맺어 국가를 만들었다고 생각했어요. 또, 그는 자신의 안전을 지켜주지 못한 국가는 바꾸어도 된다는 저항권을 주장했어요. 이러한 내용은 그의 대표적인 저서인 《정부론》에 실려 있답니다.

독립 선언서 내용에 대한 기본적인 생각이 정리된 제퍼슨은 나머지 위원들을 찾아다니며 그들의 생각을 들어보았어요. 그리고 위원들의 생각을 글로 정리했어요. 제퍼슨은 며칠을 새워 가며 독립 선언서 작성에 매달렸어요.

제퍼슨이 어린 시절부터 부족한 말솜씨 대신 탄탄하게 다져 온 글쓰기 실력이 빛을 발했어요. 그동안 변호사 생활에서 얻은 경험은 살아 숨 쉬는 문장을 만드는 데 도움이 됐어요. 그는 마치 자신이 직접 독립 선언서를 읽으면서 식민지를 변호하는 것처럼 글을 써 내려갔어요.

　제퍼슨은 당시 아메리카 식민지인들이 무엇을 원하는지 너무나 잘 알고 있었어요. 그리고 그것을 효과적으로 '독립 선언서'에 담고자 했어요. 제퍼슨의 문장은 쉽고 간결하기로 유명했어요. 그는 "한 단어로 충분하다면 두 단어를 사용하지 않는 것이 최고의 능력이다."라는 명언을 남기기도 했어요. 실제로 그의 글은 어떤 사람이 읽어도 이해하기 쉬웠다고 해요. 그렇게 미국 독립 혁명의 꽃인 '독립 선언서'가 탄생했어요.

　제퍼슨이 작성한 독립 선언서의 초고는 존 애덤스와 벤저민 프랭클린에 의해 수정되었어요. 〈가난한 리처드의 연감〉으로 큰 성공을 거둔 출판업자였던 프랭클린은 더 꼼꼼하게 내용을 수정했답니다.

　"이보게, 제퍼슨. 나는 자네의 의견에 대체로 동의하네. 하지만 일생의 많은 시간을 출판업에 할애한 내가 보기에는 고쳤으면 하는 부분이 있다네. 자네 문장에는 힘이 있지만, 젊은 힘만 보이네. 문장은 한 번 쓰면 고칠 수가 없네. 노련하게 써야 한단 말일세. 겉으로 보여야 할 의도와 문장 안에 숨겨야 할 의도를 잘 버무려 보게."

　프랭클린이 한바탕 문장을 수정하면 애덤스가 또 첨언했어요.

　"제퍼슨 씨, 당신의 의견에는 과격한 부분이 많아요. 이렇게 쓰면 분명히 대륙 회의에서 논의될 때 많은 부분이 삭제될 거예요. 저도 몇 가지 의견을 제시해 보겠습니다."

　"프랭클린 씨, 애덤스 씨, 두 분의 의견은 잘 알겠습니다. 하지만 자꾸

문장을 수정하니 처음의 제 의도가 살아나지를 않는군요. 저도 마음이 답답합니다."

고민에 고민을 더한 끝에 제퍼슨의 독립 선언서 초안이 대륙 회의에 공개되었어요. 각 지역의 대표들은 며칠간 치열한 논쟁을 벌이며 내용을 일부 수정했어요. 결국 처음 글의 4분의 1 정도가 고쳐지거나 없어지게 되었지요.

"제퍼슨 씨, 너무 마음 아파하지 말아요. 독립 선언서는 우리의 글이기도 하지만, 당신이 중심이 되어 썼다는 사실은 누구도 부정하지 않을 거예요."

"제가 꼭 넣고 싶었던 많은 부분들이 사라져 버렸네요. 지금은 우리의 독립에 있어 가장 중요한 순간이니 화합하는 것이 가장 중요한 가치겠지요. 그래서 제가 수긍하기로 했답니다."

제퍼슨의 초고에서 없어진 내용 중에 가장 중요한 부분은 노예 제도에 관한 내용이었어요. 제퍼슨은 식민지 버지니아 의회의 의원으로 일할 때부터 노예 제도가 도덕적으로 타락한 것이라고 생각했어요.

제퍼슨은 미국 독립의 상징과도 같은 독립 선언서에 노예 해방에 대한 내용을 꼭 넣고 싶었어요. 영국으로부터 식민지가 독립하는 것과 백인들로부터 흑인 노예들이 해방되는 것을 같다고 본 것이지요. 제퍼슨은 기존 사회에서 너무나도 당연히 여기고 있었던 노예 제도를 비판했어요. 제퍼슨은 자신이 옳다고 생각하는 것을 주장하는 데 두려움이 없었어요. 제퍼슨의 노력에도 불구하고 노예 제도에 관한 내용은 독립 선언서에서 삭제되었어요.

당시 미국 독립 선언에 참여한 사람들은 노예 제도에 대해 심각하게 생각하지 않았어요. 만약 독립 선언서에 노예 제도를 폐지하겠다는 내용이 담겨 있었다면 그 이후의 세상은 더 많이 달라졌을 거예요. 미국에서 노예 제도는 이로부터 약 100년 뒤에야 링컨 대통령에 의해 폐지되었답니다.

제퍼슨이 작성한 독립 선언서의 원래 이름은 '아메리카 13개 연합 주의 만장일치 선언'이에요. 독립 선언서는 오늘날 미국의 세 개 자유 헌장 중

하나로 꼽히고 있답니다. 독립 선언서는 워낙 많은 내용을 담고 있어 무척 긴 선언서예요. 그중 가장 중요하고 많이 알려진 내용은 다음과 같아요.

> 우리는 다음의 것을 자명한 진리라고 생각한다. 모든 인간은 평등하게 태어났고, 창조주로부터 몇 개의 양도할 수 없는 권리를 부여 받았으며, 그 권리 중에는 생명과 자유와 행복의 추구가 있다.
>
> 이 권리를 지키기 위해 인간은 정부를 만들었으며, 정부의 정당한 권력은 인민의 동의로부터 나온다. 어떤 형태의 정부라도 이러한 목적을 훼손하는 경우, 인민은 그러한 정부를 언제든지 개혁하고 해체할 수 있다. 인민의 안전과 행복을 가장 효과적으로 보장할 수 있는 원칙에 따라서, 권력을 갖춘 새로운 정부를 조직할 수 있는 권리가 바로 인민에게 있다.

1776년 7월 4일 대륙 회의에서 식민지 각 지역을 대표하는 사람들이 독립 선언서에 서명함으로써 미국의 독립이 공식적으로 세상에 알려졌어요.

7월 4일은 미국의 독립 기념일로 지정되어 오늘날까지도 매년 성대하게 기리고 있지요. 제퍼슨은 독립 선언서를 작성한 공으로 '미국 건국의 아버지' 가운데 중요한 한 사람으로 꼽히고 있답니다.

　미국이 독립을 선언했지만 전쟁이 끝난 것은 아니었어요. 워싱턴 장군이 이끄는 대륙 연합군은 여전히 영국군과 치열하게 대립하고 있었어요.

미국의 독립을 선언한다!

In CONGRESS, July 4, 1776.

The unanimous Declaration of the thirteen united States of America.

이 날(7월 4일)을 미국의 독립 기념일로 정함.

독립 선언서 초안을 작성한 제퍼슨의 서명

영국군에게 한 번 지면, 다시 반격하여 한 번 이기는 전투가 계속되었어요. 이때 제퍼슨은 프랑스와의 동맹을 건의했어요.

"현재 영국과 가장 사이가 좋지 않은 프랑스를 우리 편으로 끌어들여야 합니다. 프랑스가 우리 편이 된다면 이 전쟁에서 승리는 우리 것이 될 것입니다."

프랑스와의 동맹은 바로 맺어지지는 않았어요. 하지만 프랑스는 대륙 연합군 측에 보급품과 탄약 등을 지원해 주었어요. 그렇게 전쟁이 계속되던 1778년 2월 대륙 회의는 프랭클린을 프랑스로 보내 동맹을 성사시켰어요. 이후, 에스파냐와 네덜란드도 대륙 연합군 측을 지원하며 전쟁에 참여했어요. 프랑스, 에스파냐, 네덜란드가 잇달아 대륙 연합군 측을 지원하면서 영국은 불리한 상황이 되어갔어요. 이 모든 것은 제퍼슨이 유럽 내부의 정치 상황을 꿰뚫어 보았기 때문에 가능했어요. 당시 영국은 세계에서 가장 강한 나라였지만 유럽의 나머지 국가들과는 사이가 좋지 않았거든요.

1781년 요크타운 전투에서 대륙 연합군과 프랑스군은 힘을 합쳐 영국군을 크게 물리쳤어요. 마침내 1783년 영국은 미국의 독립을 공식적으로 인정했어요. 이때부터 미국은 완전한 독립 국가가 되었어요. 제퍼슨과 모든 식민지인들이 꿈꾸었던 독립이 이루어진 것이에요.

- 고향 버지니아를 위해
- 버지니아 주지사가 되다
- 미국 건설에 앞장서다
- 외교관이 되어 대서양을 건너다
- 프랑스 파리에서 보낸 4년

새로운 가치 창조 · 바른 인성

미국 건국의 아버지가 되다

4

제퍼슨은 미국의 독립과 건국을 위해 많은 노력을 했어요. 덕분에 제퍼슨은 지금도 미국 건국의 아버지 중 한 사람으로 기억되고 있어요. 미국이 독립한 후에도 제퍼슨은 버지니아 주지사, 외교관을 지내며 자신의 역할에 충실하게 경험을 쌓았어요. 제퍼슨은 자신의 위치에서 어떻게 최선을 다했는지 알아볼까요?

고향 버지니아를 위해

독립 선언서에 서명을 하고 얼마 지나지 않아 제퍼슨은 고향 버지니아로 돌아갔어요. 대륙 회의에서도 제퍼슨을 필요로 했지만, 제퍼슨은 고향 버지니아를 위해 일하고 싶었어요.

'그동안 나는 미국의 독립 혁명을 위해 많은 일들을 했어. 이제 버지니아 지역을 위해 일해야겠어. 버지니아의 주민들이 존중받는 삶을 살 수 있도록 하겠어.'

버지니아로 돌아온 제퍼슨은 버지니아의 하원 의원이 되었어요. 그리고 자신이 생각했던 신념을 실천에 옮겼어요. 제퍼슨은 제일 먼저 재산 상속에 관한 법을 만들었어요. 그는 좋은 집안에서 태어난 사람들이나 장남으로 태어난 사람들만 재산을 상속받는 것에 반대했어요.

'어째서 특정한 계급만 재산을 물려받을 수 있단 말인가? 또, 첫째 아들에게만 모든 재산을 물려주는 것은 분명 문제가 있어. 나는 모든 아들들이 똑같이 재산을 분배받는 것이 옳다고 생각해.'

제퍼슨 자신도 넓은 토지와 200여 명의 노예를 물려받은 농장주 출신인데도 부유한 가정환경이 대물림되어서는 안 된다고 생각했어요. 재산을 물려받아 잘 사는 사회보다는 개인이 노력해서 잘 사는 사회가 바람직하다고 여겼어요. 제퍼슨이 만든 법안이 통과되고 장남이 재산을 모두 물려받는 제도는 폐지되었어요.

　제퍼슨은 누구나 동일하게 교육을 받아 똑똑한 버지니아 주민이 되었으면 했어요.

　'앞으로 미국이 발전하려면 교육을 받은 사람들이 늘어나야 해. 지금처럼 일부만 교육을 받는다면 부자와 가난한 자 사이의 차이는 계속 벌어질 수밖에 없어. 정부가 나서서 사람들에게 동일한 교육의 기회를 줘야 해. 이것이 이 사회가 건강해지는 지름길이야.'

제퍼슨은 열정을 다해 무려 126개의 법안을 만들었어요. 그 법안들에는 그의 해박한 법 지식이 모두 담겨 있었어요. 그가 만든 법안 중 80 퍼센트 정도가 법률로 제정되었어요.

지금도 가장 중요하게 평가받는 법안은 종교 자유법이에요. 제퍼슨은 자신이 만든 종교 자유법이 미국인을 넘어 세상의 모든 사람들의 자유와 평화에 큰 기여를 할 거라고 믿었어요. 제퍼슨이 종교 자유법을 만든 이유는 아주 간단해요. '누구도 자신의 종교적인 생각이나 신앙 때문에 차별받으면 안 된다.'는 것이 제퍼슨의 신념이었어요. 제퍼슨은 유럽에서 구교인 가톨릭과 개신교가 오랫동안 싸운 역사를 잘 알고 있었어요. 제퍼슨은 서로가 다르다는 것을 인정하고 서로의 신앙을 존중하면 싸움이 일어나지 않는다는 것을 잘 알고 있었어요.

제퍼슨의 종교 자유법은 버지니아 지역에서 제일 먼저 적용되었어요. 종교 자유법으로 교회는 국가의 일에 관여할 수 없게 되었고, 국가의 모든 일은 정부와 의회가 하도록 했답니다. 제퍼슨은 종교 자유법을 만든 것을 자랑스럽게 생각해 자신의 묘비명에 새길 정도였어요. 이러한 제퍼슨의 노력으로 미국은 지금도 국교가 없답니다. 미국에서 가장 많이 믿는 종교가 기독교이지만 미국의 공식 국교는 기독교가 아니랍니다.

'종교는 종교의 영역에 남아 있어야 해. 이제는 인간의 이성이 만들어

낸 정부가 세상을 움직여야 해. 나도 기독교인이지만 누구에게나 생각의 자유는 존재하고 또한 어떤 종교를 믿을 것인지에 대한 자유도 있는 것이라고.'

버지니아 주지사가 되다

버지니아의 첫 번째 주지사는 패트릭이었어요. 패트릭은 제퍼슨의 오랜 동료로 미국의 독립 혁명에 큰 영향을 미친 인물이지요. 제퍼슨은 패트릭의 뒤를 이어 1779년 6월 제2대 버지니아 주지사에 취임했어요.

미국이 독립을 선언한 지 벌써 3년의 시간이 흘렀지만 아직도 미국의 대륙 연합군은 영국 군대에 맞서 힘겨운 독립 전쟁을 벌이고 있었어요. 제퍼슨은 주지사로서 할 일이 많았어요. 독립을 선언했지만, 미국의 독립은 아직 완전하지 않은 상태였거든요. 그는 미국의 대륙 연합군을 도와 영국의 군대를 무찔러야 했어요.

'지금 전쟁으로 버지니아 지역 전체가 어려움에 처해 있어. 하늘도 무심하시지, 이 어려운 상황에 가뭄이 들다니……. 올해 밀 수확량도 턱없이 부족하겠군. 영국과 전쟁 중이니 담배를 수출할 곳도 없는데 어찌해야 하나? 게다가 병력을 모집하고 전쟁에 필요한 무기와 식량도 마련해서 대륙 회의에 도움을 주어야 할 텐데……'

주지사가 된 제퍼슨의 머릿속은 복잡했어요. 미국의 독립이 눈앞에 왔는데 여기서 포기할 수는 없었지요. 제퍼슨은 사람들을 설득해서 미국 독립 전쟁 지원에 최선을 다했어요. 하지만 좋지 않은 소식들이 연이어 들려왔어요.

"주지사님, 영국군이 조지아를 점령했다고 합니다."

"사우스캐롤라이나도 위기에 빠졌다고 합니다. 우리에게도 곧 영국군이 닥칠 것입니다. 신속하게 다른 지역을 지원해야 합니다."

"전쟁을 위한 물자가 턱없이 부족합니다, 주지사님. 무슨 수를 써서라도 물자를 마련해야 합니다. 조금만 더 버티면 영국군을 물리칠 수 있습니다."

제퍼슨도 백방으로 노력했지만, 더 이상 군수 물자를 제공하는 것은 어려웠어요. 전쟁의 위협으로 제퍼슨은 주지사 역할을 제대로 할 수 없었어요.

영국과의 전쟁은 끝날 줄 모르고 계속되었고, 제퍼슨도 점점 지쳐갔어요. 영국군이 기세를 올리며 대륙 연합군을 압박해 왔어요. 결국 제퍼슨은 버지니아의 주도를 윌리엄스버그에서 리치먼드로 옮기고, 민병대를 소집해 버지니아를 지킬 준비를 시작했어요.

1781년 1월 영국군이 리치먼드로 쳐들어왔어요. 제퍼슨은 침착하게 민병대로 영국군을 막아 내려 했지만 시시각각 다가오는 위기 속에서 제퍼슨은 두려움이 앞섰어요. 그리고 얼마 후 민병대가 영국군에 패배했다는 소식이 들려 왔어요. 게다가 영국군 주력 부대가 버지니아를 향해 오고 있다는 첩보를 받았어요.

'지금의 우리로서는 도저히 영국군을 막아 낼 방법이 없어. 이미 전쟁 물자도 바닥이 났는데 어떻게 하지?'

제퍼슨은 뾰족한 수가 떠오르지 않았어요. 어느 누구도 이 상황을 해결할 대책을 내놓지 못한 채 시간이 흘러갔어요. 그리고 영국군이 노스캐롤라이나를 넘어 버지니아로 진격해 왔어요.

"드디어 올 것이 왔습니다."

"각자 퇴각했다가 샬럿츠빌에서 다시 모입시다."

버지니아 의회도 임시로 해산하고 샬럿츠빌로 후퇴했어요. 제퍼슨도 버지니아 정부도 서둘러 리치몬드를 탈출했어요. 위기는 지나갔지만 버지니아 사람들은 제퍼슨의 행동에 실망했어요. 당시 제퍼슨은 주지사의 임기가 끝난 상태였지만 영국군의 침입으로 새 주지사를 뽑을 수 없는 상황이었답니다. 새로운 주지사를 뽑지 않았기에 버지니아 사람들은 제퍼슨이 여전히 주지사라고 믿었어요. 위기의 상황에 버지니아를 떠난 제퍼슨에게 비판이 쏟아졌어요.

사람들의 비난에 힘이 빠진 제퍼슨은 몬티셀로로 돌아갔어요. 제퍼슨은 1년이 넘는 시간 동안 몬티셀로에서 가족과 함께 시간을 보냈어요. 이 시간은 그가 사랑하는 책을 다시 가까이 할 수 있는 기회가 됐답니다.

제퍼슨이 몬티셀로에서 지내는 동안 워싱턴 장군은 전세를 역전시켰어요. 이제는 미국이 영국군을 몰아붙이고 프랑스도 미국을 도와 영국을 압박했어요. 이제 미국의 독립이 코앞에 다가온 거예요. 제퍼슨은 안도하며 글을 쓰기 시작했어요.

제퍼슨은 자신이 태어나고 성장해서 주지사로 활약한 버지니아 지역에 애착이 강했어요. 비록 자신은 물러났지만 버지니아에 대한 기록을 남겨 두고 싶었지요. 제퍼슨은 그동안 모아 놓은 자료와 자신의 경험을 바탕으로 저술에 몰입했어요. 이렇게 쓴 책이 바로 〈버지니아 논고〉예요. 이 책은 제퍼슨의 유일한 책이랍니다.

제퍼슨은 책을 쓰지 않는 시간에는 가족과 함께 시간을 보냈어요. 하루가 다르게 크는 어린 딸들의 모습을 보는 것이 가장 큰 기쁨이었어요. 또 제퍼슨은 부쩍 허약해진 부인 마사를 돌보며 시간을 보냈어요. 제퍼슨의 간호에도 마사의 병은 나아지지 않았어요. 마사는 점점 힘을 잃어갔어요. 결국 1782년 가을, 마사는 세상을 떠났어요. 제퍼슨은 마사의 죽음에 고개를 들 수 없었어요. 그녀와 결혼한 지 10년 만이었어요. 제퍼슨은 엄마 없이 자라야 할 딸들이 걱정되었어요.

'나와 내 아이들에게 헌신적이었던 마사가 세상을 뜨다니……, 그동안 내가 마사에게 너무 소홀했구나!'

제퍼슨이 슬픔에 빠져 있던 중 좋은 소식이 들려왔어요.

"영국이 우리와 평화 조약을 체결하기로 했답니다."

"잘되었어요. 우리 미국이 드디어 완전히 영국으로부터 벗어나는 날이 오는군요. 그동안 모두들 수고가 많았어요."

미국과 영국은 이듬해인 1783년 9월 정식으로 조약을 체결했어요. 영국

이 미국의 독립을 인정하고, 북아메리카 식민지 전체에 대해 간섭하지 않 겠다는 내용이었어요. 조약이 체결되자 그동안 미국의 독립을 위해 싸웠 던 수많은 사람들은 기쁨의 눈물을 흘렸어요. 워싱턴도 프랭클린도 존 애 덤스도 각자의 위치에서 미국의 독립을 축하했어요. 제퍼슨도 그동안 독 립을 위해 노력했던 지난 시간이 머릿속에 스쳐 지나갔어요.

  미국의 독립은 북아메리카 대륙에 정식으로 독립 국가가 탄생했음을 보 여 주는 것이에요. 북아메리카 대륙의 13개 식민지가 각각 독립해 다시 하 나로 연합한 것이지요. 그래서 미국을 영어로 'United States of America'

프랑스가 미국의 독립을 도운 이유는?

미국 독립 전쟁의 승리에는 프랑스의 도움이 매우 컸어요. 프랑스가 미국을 도운 이유는 단 하나! 미국이 좋아서가 아니라 영국이 싫어서였어요. 오랜 시간 영국과 프랑스는 세계 곳곳에서 대립했어요. 그때마다 영국은 프랑스를 이겼답니다. 그렇기 때문에 프랑스는 늘 영국에 복수를 다짐했지요.

이런 사실을 안 미국 독립의 지도자들은 프랑스를 자기 편으로 끌어들이려고 했어요. 미국에서 독립 전쟁이 일어났을 때, 프랑스는 처음에는 긴급한 물자들만 공급했어요. 그러다 벤저민 프랭클린이 프랑스 파리에 가 미국이 영국으로부터 독립하면 영국은 힘을 잃게 될 거라고 설득했고, 1772년 사라토 전투에서 독립군이 승리하자 본격적으로 미국을 도왔어요.

프랑스는 미국인들이 사용할 무기와 탄약을 지원했어요. 프랑스는 막대한 돈을 미국의 독립 전쟁에 쏟아 부었어요. 이러한 프랑스의 도움으로 미국인들은 영국과 맞서 싸울 수 있었고, 1783년 '파리 조약'으로 완전한 독립을 이룰 수 있었지요. 그러나 이로 인해 프랑스는 국고가 텅 비게 되었고, 결국 프랑스 대혁명이 일어나는 중요한 배경이 되었답니다.

라고 부르는 거예요. 아메리카의 연합된 나라들이라는 뜻이랍니다.

독립한 미국의 영토는 어마어마하게 넓었어요. 북쪽으로는 5대호로부터 남쪽으로는 조지아 지역까지, 서쪽 끝은 미시시피 강까지 이르렀어요. 현재 미국의 3분의 1에 달하는 영토지요.

미국 건설에 앞장서다

미국이 영국으로부터 완전한 독립을 이룬 뒤 그동안 미국 독립 전쟁을 이끌었던 대륙 회의는 해산됐어요. 미국에는 새로운 시대에 맞는 새로운 기구가 필요했지요. 그래서 만들어진 기구가 연합 회의예요.

연합 회의는 미국 내 13개 주의 모임으로, 각 주가 1표씩의 투표권을 가졌어요. 9개 주의 찬성이 있어야만 어떤 일을 추진할 수 있었지요. 제퍼슨은 연합 회의 위원으로 새 나라 미국의 기초를 다졌어요. 30여 개의 중요한 법을 만들며 미국이 가야 할 방향을 제시했답니다. 제퍼슨은 여러 위원회에서 활동하며 독보적인 활약을 이어갔어요. 그가 만든 법에는 현실을 반영한 생명력이 있었지요.

'지금 내가 고민하고 만드는 법은 미국의 기초가 될 것이다. 내가 만든 법이 앞으로의 미국인의 삶과 행동을 결정할 것이다. 신중하게 생각해야 한다. 만들기는 쉽지만 바꾸기는 어렵다. 백 년, 이백 년이 지나도 내가 만든 법이 사람들에게 불편을 주지 않아야 한다.'

제퍼슨이 만든 법 중에 지금까지 유지되는 가장 중요한 법은 화폐에 관한 것이에요. 화폐는 사람들끼리 물건 교환을 쉽게 하기 위해 만든 '돈'을 말해요. 당시 미국인들은 영국의 화폐를 쓰고 있었어요. 제퍼슨은 영국으

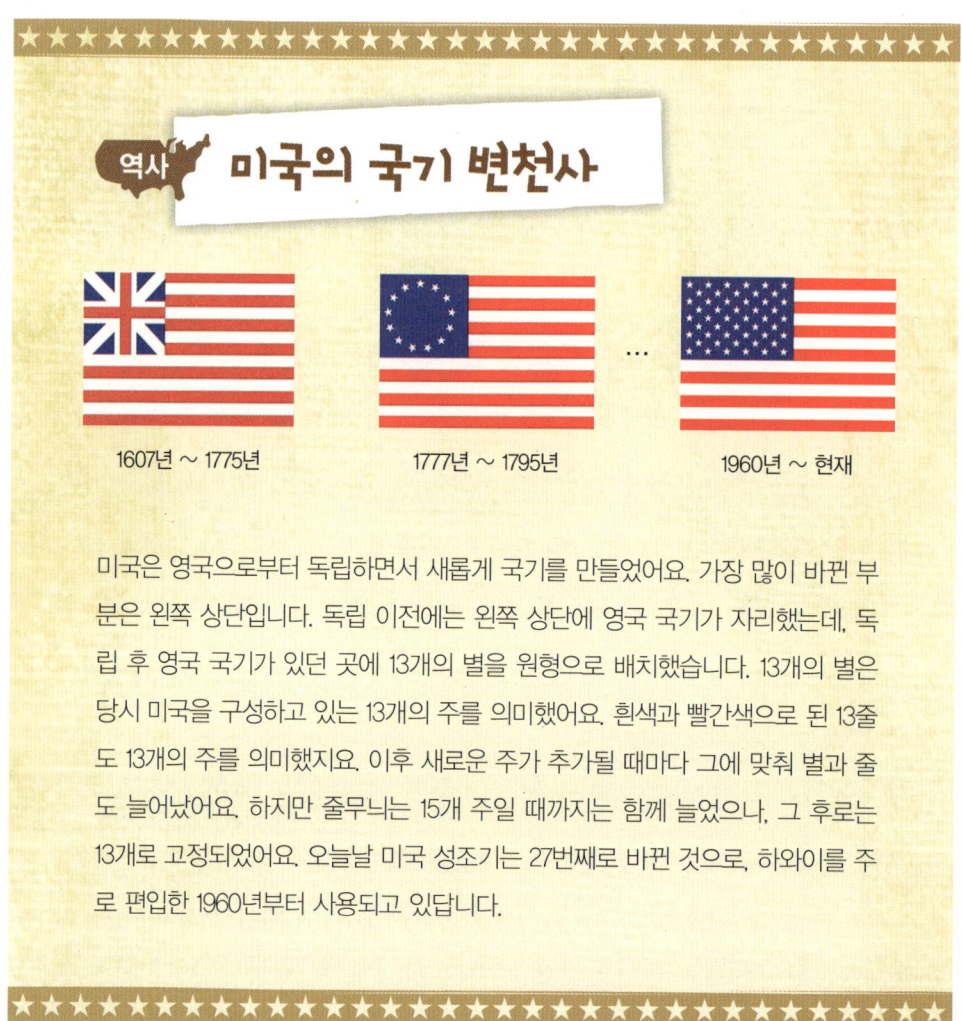

역사 미국의 국기 변천사

1607년 ~ 1775년   1777년 ~ 1795년   1960년 ~ 현재

미국은 영국으로부터 독립하면서 새롭게 국기를 만들었어요. 가장 많이 바뀐 부분은 왼쪽 상단입니다. 독립 이전에는 왼쪽 상단에 영국 국기가 자리했는데, 독립 후 영국 국기가 있던 곳에 13개의 별을 원형으로 배치했습니다. 13개의 별은 당시 미국을 구성하고 있는 13개의 주를 의미했어요. 흰색과 빨간색으로 된 13줄도 13개의 주를 의미했지요. 이후 새로운 주가 추가될 때마다 그에 맞춰 별과 줄도 늘어났어요. 하지만 줄무늬는 15개 주일 때까지는 함께 늘었으나, 그 후로는 13개로 고정되었어요. 오늘날 미국 성조기는 27번째로 바뀐 것으로, 하와이를 주로 편입한 1960년부터 사용되고 있답니다.

로부터 진짜 독립을 하려면 영국과 모든 것이 달라야 한다고 생각했어요.

"제가 만든 이 법안에 주목해 주십시오. 이번에 만든 법은 새 화폐에 관한 것입니다."

"새 화폐요? 현재 쓰고 있는 파운드가 있는데 새로 만들 필요가 있나요?"

"파운드는 영국의 화폐이지, 미국의 화폐는 아닙니다. 독립을 했으니 우리도 새로운 화폐가 필요합니다."

"우리도 미국만의 화폐를 갖자는 뜻인가요?"

"네, 저는 미국의 새로운 화폐의 단위를 달러($)라고 하면 어떨까 생각합니다."

"달러라……. 발음하기도 좋군요."

제퍼슨이 새 화폐 제도와 관련한 법을 만들고 난 이후 미국은 달러를 공식 화폐로 쓰기 시작했지요. 영국의 파운드가 점점 사라지면서 영국의 경제적 영향력도 점점 줄어들었지요. 정치적으로 독립을 이룬 미국은 경제적으로도 영국으로부터 독립해 나가기 시작했어요.

이처럼 제퍼슨은 다른 사람보다 넓은 시각을 가지고 있었어요. 현재 달러가 미국의 공식 화폐이고 영국의 파운드보다 더 중요한 화폐가 된 걸 보면 제퍼슨이 먼 미래를 내다봤다는 것을 알 수 있어요. 제퍼슨은 일 하나를 할 때에도 여러 분야를 함께 생각하는 능력이 있었어요.

제퍼슨의 고민은 미국의 서쪽 지역으로 향했어요. 당시 미국인들은 유럽과 붙어 있었던 대서양만 중요하다고 여겼어요. 하지만 제퍼슨의 생각은

달랐어요.

"애팔래치아 산맥 서쪽으로 많은 사람들이 이동하여 정착하고 있습니다. 이 지역이 앞으로 미국에 중요한 위치가 될 것입니다. 새로운 주를 만들어 우리 미국에 편입시키고 미국 영토를 늘려야 한다고 생각합니다."

"그렇다면 제퍼슨 위원께서 새로운 지역에 주를 만드는 것을 맡아 주시면 어떻겠습니까?"

제퍼슨은 잠시 생각에 잠겼어요. 그리고 다시 말을 이어갔어요.

"제가 그 임무를 얼마나 잘할 수 있을지 모르겠지만, 열심히 해 보겠습

니다. 대신 부탁하고 싶은 것이 있습니다."

제퍼슨은 또다시 긴 시간 고민했어요. 그리고 어렵게 말을 이어갔어요.

"새로운 지역에서는 노예 제도를 없애는 것이 어떻겠습니까?"

제퍼슨의 파격적인 발언에 분위기가 얼어붙은 듯 고요해졌어요.

"여러분, 이것은 제가 독립 선언서에 넣고 싶었지만 그러지 못했던 내용입니다. 하지만 우리는 이제 노예 제도에 대해 심각한 고민을 해야 합니다. 저는 미국의 새로운 주에는 노예 제도가 없기를 원합니다. 우리가 영국의 지배에서 벗어나 독립했던 것을 기억해야 합니다. 우리 미국이 그랬듯이 흑인 노예가 자유로워져야 합니다."

한참 동안 침묵이 흘렀어요. 그러다 몇몇이 큰 소리로 제퍼슨을 비판했어요. 그러나 많은 사람들이 제퍼슨의 주장에 깊이 공감했어요.

"좋습니다. 제퍼슨 위원의 말에 따르겠습니다."

"노예 제도를 없애는 데에 우리 미국이 가장 앞장서야 합니다."

"우리가 영국으로부터 받았던 지배를 잊어서는 안 됩니다."

사람들은 제퍼슨의 주장에 따라 새로 개척되는 서쪽 지역에는 노예 제도를 만들 수 없도록 하는 법안을 연합 회의에 올렸어요. 비록 미국의 모든 노예가 해방될 수 있었던 것은 아니지만 제퍼슨의 주장은 대단한 것이었어요. 제퍼슨이 말을 이어갔어요.

"여러분이 진정한 승리자입니다. 노예를 포기하는 것이 그리 쉬운 일은 아닐 것입니다. 오늘의 이 결정이 앞으로 미국의 민주주의 발전에 큰 역할을 하게 될 것입니다. 감사합니다."

제퍼슨은 앞으로 노예 제도가 더 확산되지 않을 거라고 확신했어요. 제퍼슨은 연합 회의에 법안을 제출했고, 표결에 붙여졌어요. 연합 회의의 의장이 결과를 발표했어요.

"제퍼슨 의원이 제출한 이 법안은 반대가 더 많아 통과되지 않았습니다."

제퍼슨은 자신의 귀를 의심했어요.

'뭐라고? 통과되지 않았다고?'

많은 의원들이 제퍼슨의 의견에 공감은 했지만, 지금껏 자신들이 소유한 노예들에 대한 권리를 포기할 수 없었어요. 새 지역에 노예 제도가 없다면 자신들이 가진 노예의 소유권도 없어지니까요. 그러나 제퍼슨의 노력이 물거품이 된 것은 아니었어요. 이 법안은 그로부터 3년 뒤에 통과되었어요. 그리고 그 이후 미국에 가입하는 새로운 주들은 노예 제도를 만들 수 없었답니다.

제퍼슨은 노예 제도가 없어지게 되는 중요한 계기를 만들었어요. 사람들도 노예 제도에 대해 깊은 고민을 하게 되었답니다. 나의 자유가 중요하다면 흑인 노예의 자유도 중요하다는 생각이 점점 커지게 된 것이지요.

외교관이 되어 대서양을 건너다

제퍼슨은 연합 회의 위원으로 새로운 법을 만드는 데 뛰어난 활약을 보였어요. 사람들은 제퍼슨이 만든 법을 신뢰했고 제퍼슨은 법을 만드는 데 자신이 있었어요.

당시 미국은 프랑스와 우호적인 관계를 유지하기 위해 노력했어요. 제퍼슨과 함께 독립 선언서의 초안 작성을 했던 벤저민 프랭클린과 존 애덤스가 이미 프랑스로 건너가 외교 활동을 벌이고 있었어요. 연합 회의는 두 사람만으로는 부족해 제퍼슨에게도 프랑스 파리로 가 줄 것을 요청했어요.

"제퍼슨 의원, 상황을 잘 아시니 프랑스로 가 주셔야겠어요."

"알겠소. 꼭 프랑스와 좋은 관계를 만들고 오겠습니다."

"먼저 가 계신 두 분을 도와 좋은 결과를 낼 것으로 기대하겠습니다."

제퍼슨은 프랑스로 떠날 준비를 했어요. 외교관으로 프랑스 파리에 가면 언제 돌아올지 몰랐어요. 제퍼슨은 딸 팻시를 데리고 가기로 결정했어요.

"팻시, 먼 여정이 될 거다. 아빠와 함께 프랑스에 다녀오자꾸나."

팻시는 마사를 쏙 빼닮은 외모를 지녔어요. 팻시의 원래 이름은 마사예요. 어머니의 이름과 같기 때문에 늘 팻시라는 애칭으로 불렸어요. 제퍼슨은 팻시를 볼 때마다 죽은 아내가 떠올랐어요.

제퍼슨과 팻시는 유럽으로 가는 배에 올랐어요. 미국과 유럽 사이에 있는 대서양은 바람의 변화가 심한 곳이었어요. 파도가 세게 칠 때에는 긴장하며 견뎌야 했어요. 거센 파도에 배가 흔들려도 제퍼슨은 책을 손에서 놓지 않았지요.

"팻시, 유럽은 우리 미국의 기원이 되는 곳이란다. 유럽에서 발전된 문화와 문물이 우리 미국에 들어왔지. 지금 우리는 그 유럽을 보러 가는 것이란다. 네가 읽었던 그 수많은 책들의 대부분은 유럽에서 건너온 것이지."

"아빠의 말씀을 들으니 저도 무척 기대가 돼요. 파도가 무섭긴 하지만요."

"처음에 유럽에서 미국으로 건너올 때에는 어렵고 힘들었지만 지금의 항해술은 이 정도 파도를 충분히 이겨낼 수 있단다. 걱정 말거라. 그러고 보면 콜럼버스의 모험심은 참 대단해. 너도 알고 있지, 팻시?"

"네, 아빠. 잘 알고 있어요."

 배와 마차로 며칠을 달린 끝에 제퍼슨과 팻시는 프랑스의 수도인 파리에 도착했어요. 제퍼슨은 파리의 모든 것에 감동을 받았어요. 유서 깊은 문화가 담겨 있는 거리와 유적이 눈에 들어왔어요. 그동안 책을 읽으며 상상했던 것들을 실제로 보게 된 것이에요.

 제퍼슨은 먼저 파리에 와 있던 프랭클린과 애덤스를 만났어요. 프랭클린은 제퍼슨을 반갑게 맞이했어요.

 "제퍼슨, 먼 길 오느라 고생이 많았네. 일단 편히 쉬고 며칠 뒤부터 일을 시작하세."

"네. 먼 여정이었는데, 파리 거리를 보는 순간 힘이 나는군요."

 ## 콜럼버스가 아메리카를 발견하지 않았더라면?

유럽인 중 최초로 아메리카를 발견한 사람은 콜럼버스예요. 콜럼버스는 인도로 가는 항로를 찾다가 지금의 중앙아메리카를 발견했어요. 콜럼버스의 발견은 유럽인들이 아메리카로 향하게 하는 계기를 만들어 주었지요. 콜럼버스가 아메리카를 발견하지 않았더라면 북아메리카에 유럽인이 살게 되는 시점은 몇 십 년 아니 몇 백 년이 늦어졌을지도 모른답니다. 그러면, 아메리칸 인디언들은 좋아했을지도 모르겠습니다. 역사는 보는 사람의 관점에 따라 다르니까요.

1492년 아메리카 대륙에 도착한 콜럼버스의 모습을 그린 그림

프랑스에서 제퍼슨은 프랭클린을 도와 외교 문제를 해결해 나갔어요. 그리고 프랭클린과 존 애덤스에게 외교에 관해 많은 것을 배울 수 있었어요. 당시 프랭클린은 나이가 벌써 80세였기 때문에 프랑스 생활을 접고 미국으로 돌아가고 싶어했어요. 프랭클린은 제퍼슨에게 자신의 역할을 대신해 줄 것을 부탁했어요. 이렇게 해서 제퍼슨은 프랑스 공사가 되었답니다.

프랑스 파리에서 보낸 4년

제퍼슨은 4년 동안 프랑스 파리에 머물렀어요. 제퍼슨은 성실한 외교관이었어요. 존 애덤스와 함께 유럽 나라들과 외교 관계를 맺어 나가며 어떤 나라와 가깝게 지내는 것이 미국의 미래에 도움이 될지에 대해 늘 생각했어요.

제퍼슨은 많은 프랑스 인들과 어울렸어요. 제퍼슨의 프랑스 어 실력은 수준급이었어요. 프랑스 사람들도 제퍼슨에 대해 호감을 가지기 시작했어요. 그는 자주 파티를 열어 많은 사람들을 초대하고 요리를 대접했어요. 제퍼슨은 프랑스에서 지내는 동안 알게 된 수많은 프랑스 요리를 귀국 후 미국에 소개하기도 했답니다.

어느 날 제퍼슨이 팻시에게 과일 바구니를 내밀며 말했어요.

"팻시, 이 과일 먹어 봤니?"

"이 과일은 미국에도 있잖아요. 영국 사람들이 러브애플(love apple)이라고 부르는 과일인데 이건 독이 있어 못 먹는 음식이에요. 장식으로만 쓴다고요, 아빠."

"아니야, 팻시. 아빠가 파티에 초대받아 갔더니 프랑스 사람들은 다 맛있게 먹더구나. 편견을 버리렴. 아빠도 먹어 봤는데 꽤 맛있던걸."

팻시가 하나를 집어 먹어 보았어요.

"와! 맛있어요. 이렇게 맛있는데 왜 독이 들었다고 생각했을까요?"

러브애플은 바로 토마토였어요. 당시 미국 사람들은 토마토를 먹지 않았어요. 미국인들은 토마토에 독이 있다고 생각해 장식용으로만 사용했지요. 제퍼슨은 프랑스 요리에서 처음 도전한 토마토의 맛에 반했어요. 그리고 귀국 후 미국인들에게 토마토를 널리 전파했어요. 독이 있다는 사람들의 잘못된 생각을 바꾸려고 노력했어요.

"팻시, 이것도 먹어 볼래? 프랑스식 감자 요리란다. 이 음식의 이름이 뭔지 아니?"

"몰라요. 감자를 튀겨 놓은 것 같은데요?"

"그래, 이건 감자튀김이란다. 프랑스식 감자튀김이지. 그래서 '프렌치프라이(french fry)'라고 부른단다. 이 음식도 미국에 전할 거야."

영국인들은 감자튀김을 칩스(chips)라고 말해요. 그런데 현재 미국인들은 감자튀김을 칩스가 아닌 프렌치프라이라고 불러요. 제퍼슨이 소개한 프랑스식 감자튀김을 먹고 있기 때문이지요. 우리도 미국에서 감자튀김을 들여와서 프렌치프라이라고 부른답니다. 이외에도 현재 미국인들이 즐겨 먹는 마카로니 앤 치즈도 제퍼슨이 프랑스에서 들여온 것이에요.

제퍼슨은 수많은 요리 도구와 식기류도 프랑스에서 구입해 미국에 들여왔어요. 제퍼슨은 멋지고 진귀한 것을 보면 늘 모험심을 가지고 도전했어요.

쓰임새를 모르면 물어서 꼭 알아야만 했어요. 현재 몬티셀로에 전시된 수많은 요리 도구 중 일부는 이때 제퍼슨이 프랑스에서 가져온 것들이랍니다.

제퍼슨은 쉬는 날이면 언제나 파리의 유적지를 찾았어요. 유적지를 보며 과거와 현재를 상상했어요. 파리 곳곳에 펼쳐져 있는 대성당과 궁전의 화려함에 놀랐어요.

제퍼슨은 유럽의 다른 큰 도시들로 여행을 자주 떠났어요. 여행을 다니며 조금이라도 관심이 가는 책이라면 모두 사들였어요. 제퍼슨이 책 구입에 많은 돈을 쓴다는 걸 아는 책 상인들은 좋은 책을 제퍼슨에게 먼저 가

져왔어요. 제퍼슨은 이런 진귀한 책을 거침없이 사들였거든요. 웬만한 사람은 평생 만져 보기도 어려운 돈을 책값으로 지출했어요. 제퍼슨이 프랑스에 거주했던 5년여 동안 사들인 책의 수는 2천여 권이 훌쩍 넘었어요. 정말 대단한 책 수집광이었지요.

 제퍼슨은 책을 구입하면 그길로 집으로 향했어요. 빨리 집에 들어가 책의 내용을 확인하고 싶었기 때문이지요. 새로운 지식을 접하는 즐거움은 그만큼 큰 것이었지요.

그러던 어느 날, 미국으로부터 한 통의 우편물이 도착했어요. 버지니아 주 의회 의원이었던 제임스 매디슨이 보낸 편지였어요.

> 존경하는 제퍼슨 씨. 저는 제임스 매디슨이라고 합니다. 기억하시는지요?
> 이번에 저는 미국의 헌법을 만드는 일에 참여하게 되었습니다.
> 보내 드린 우편물은 헌법의 초안입니다. 선생님의 의견을 듣고 싶습니다.

제퍼슨이 프랑스에 머무르는 동안 미국에서는 헌법을 만들고 있었어요. 매디슨은 헌법 제정 회의에 버지니아 대표로 출석하게 돼 제퍼슨에게 헌법의 초안을 보낸 것이지요. 제퍼슨도 곧 답장을 적어 보냈어요.

> 매디슨 씨, 편지 감사합니다. 저도 우리나라의 헌법을 만든다는 소식을 들었습니다. 정말 훌륭하게 잘 만들었군요. 저도 이 작업에 참여하고 싶었지만, 프랑스에서 해야 할 임무가 있어 아쉬웠습니다. 매디슨 씨에게 저의 의견을 짤막하게 보냅니다.
> 현재 헌법에는 대통령의 임기 제한이 없군요. 이렇게 되면 한 대통령이 오랫동안 정치를 독점할 수 있습니다. 독재 정치가 되는 것이지요. 또, 인간의 기본적인 권리에 대한 내용이 헌법에 없습니다. 국민의 권리를 보장하는 것이 국가의 의무임을 밝혀야 합니다. 이와 같은 점을 참고하여 헌법을 잘 만들어 주세요.

매디슨과 제퍼슨은 몇 차례 편지를 주고받았어요. 매디슨은 제퍼슨에게 깊은 존경심을 가지게 되었어요. 제퍼슨의 지식과 넓은 시야, 그리고 미국의 미래를 생각하는 마음까지 모두 매디슨의 마음을 움직였답니다. 매디슨은 제퍼슨의 의견 중 상당수를 헌법에 반영했어요. 매디슨은 오늘날 '미국 헌법의 아버지'로 불린답니다.

　5년의 프랑스 생활은 제퍼슨에게 유익한 시간이었어요. 존 애덤스와 편안하게 서로의 고민을 털어놓으면서 더 친해질 수 있었어요. 이때만 해도 존 애덤스와 제퍼슨은 독립을 위해 함께 일했던 적이 있어서 의견 차이가 많지 않았어요. 하지만 독립 이후에 미국에 돌아와서는 어떤 미국을 만들지를 놓고 제퍼슨과 존 애덤스는 의견 차이가 심했어요. 존 애덤스는 전형적인 보수주의자였어요. 기존의 질서를 지키고, 사회를 효율적으로 운영하기를 원했어요. 제퍼슨은 이런 애덤스의 의견에 반대했어요. 기존 사회가 가지고 있는 질서만을 좇아간다면 그 사회는 발전이 없다고 생각했어요. 보다 나은 미래를 위해서는 늘 새로운 것에 대해 열려 있어야 한다고 생각했지요.

　제퍼슨과 존 애덤스의 논쟁은 두 사람의 일생 동안 계속되었어요. 나중에 존 애덤스가 미국의 제2대 대통령, 제퍼슨이 제3대 대통령이 된 것도 우연은 아니에요. 두 사람은 죽는 날까지 경쟁하다가 서로가 같은 날에 죽었다는 사실을 알지 못한 채 죽었다고 해요.

　1789년 제퍼슨은 프랑스 공사의 역할을 마치고 미국으로 돌아갈 준비를 했어요. 이때 프랑스에는 프랑스 역사에 길이 남을 역사적 사건이 진행 중

 ## 1789년 프랑스 대혁명을 목격하다!

 저는 타임머신을 타고 프랑스 파리로 왔습니다. 지난 7월 14일 시민들은 왕권의 상징인 바스티유 감옥을 습격하여 이 도시를 차지한 상태입니다. 이 사건이 바로 프랑스 대혁명의 시작입니다. 지금 파리는 빠른 속도로 변화하고 있습니다. 파리에 5년째 거주 중인 제퍼슨 씨를 만나 보겠습니다.

 지금 프랑스 대혁명이 진행 중인데, 왜 이런 일이 벌어졌다고 보십니까?"

 그동안 프랑스에 쌓여 왔던 불합리한 것들이 터져 나온 거죠. 저는 왕이 지배하는 사회가 언젠가는 끝날 줄 알았습니다. 저 시민들의 표정들을 보세요. 배우지 못했지만, 자유를 위해 멈출 줄 모르고 나아가고 있지 않습니까?

 제퍼슨 씨의 말이 맞는 듯합니다. 제퍼슨 씨는 언제까지 이곳에 계실 건가요?

 아마도 곧 미국으로 돌아갈 듯합니다. 저의 모국인 미국은 지난 4월 조지 워싱턴이 만장일치로 대통령에 당선되어 세계 역사상 첫 공화정을 시작하고 있습니다. 저는 워싱턴 정부의 첫 국무 장관으로서 역할을 다하기 위해 미국으로 돌아갑니다. 제가 오늘 좀 바쁩니다. 다음에 또 뵐게요.

프랑스 대혁명의 시작이 되는 바스티유 감옥 습격 사건

이었어요. 프랑스 대혁명이 시작된 것이지요.

그동안 프랑스는 왕이 다스리는 국가였어요. 그러나 프랑스 대혁명 이후에는 공화정의 국가로 변했어요. 제퍼슨은 프랑스에 머무르면서 프랑스 대혁명의 초기 과정을 직접 볼 수 있었어요. 가난하고 지식도 부족한 민중이 하나로 뭉쳐 왕과 귀족의 권력을 부수는 과정은 제퍼슨에게는 놀라운 광경이었어요.

제퍼슨은 대중이 하나로 뭉치면 그 어떤 힘보다 강력하다는 걸 깨달았어요. 그래서 권력을 하나로 집중한 체제보다 현명한 여럿이 함께 논의하는 정치 체제가 훨씬 강력한 힘을 발휘한다는 신념을 갖게 되었지요. 이로써 미국을 공화정이 제대로 정착되는 사회로 만드는 매우 중요한 역할을 하게 되었답니다.

- 미국의 첫 번째 국무 장관에 임명되다
- 부통령이 되어 정치계에 복귀하다
- 미국의 제3대 대통령 제퍼슨

새로운 가치 창조

미국의 대통령이 되다 5

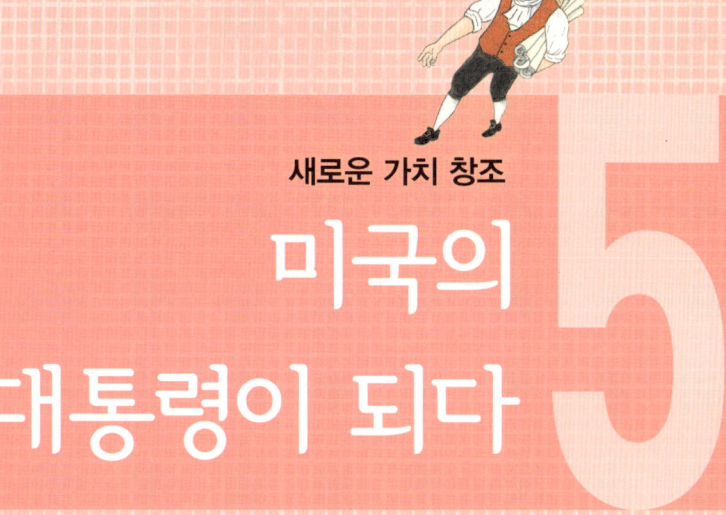

제퍼슨은 갓 태어난 미국을 어떤 나라로 만들어 나갈지에 대하여 늘 고민했어요. 다양한 경험을 쌓으며 자신의 자리에서 최선을 다했던 제퍼슨은 미국의 첫 번째 국무 장관이 되었어요. 그리고 부통령을 거쳐 미국의 세 번째 대통령이 되었지요. 그가 만들고 싶었던 미국은 어떤 모습이었을까요?

미국의 첫 번째 국무 장관에 임명되다

　1789년 4월에 조지 워싱턴이 미국의 첫 번째 대통령이 되었어요. 그는 미국의 독립을 위해 총알이 날아다니는 전쟁터를 누볐던 사람이에요. 조지 워싱턴이 이끄는 부대는 늘 승리했고, 미국 독립 전쟁 승리에 가장 큰 공을 세웠지요. 당시 미국의 13개 주 대표자들은 모두 워싱턴에게 존경을 표했어요. 그는 만장일치로 대통령에 올랐답니다.

　독립을 위해 싸운 사람들 대부분이 워싱턴이 이끄는 미국 정부의 중요한 자리를 맡았어요. 독립에 큰 공을 세웠던 존 애덤스는 초대 부통령이 되었고, 프랑스 공사였던 제퍼슨은 국무 장관이 되었어요. 당시 국무 장관은 주로 외교에 관한 일을 하는 직책이에요. 국무 장관이 된 제퍼슨은 꿈에 부풀었어요. 그러나 이런 제퍼슨의 꿈은 얼마 지나지 않아 깨지기 시작했어요. 초대 장관들 대부분이 제퍼슨과 생각이 달랐기 때문이에요.

　미국은 여러 주가 하나로 합쳐진 국가예요.

조지 워싱턴의 취임식을 그린 판화

당시 미국은 13개 주의 느슨한 연합에 불과했어요.

'모든 주가 하나로 뭉쳐야 해. 그래야 강한 나라가 될 수 있어.'라고 주장하며 강력한 연방 정부가 필요하다고 주장하는 사람들을 '연방파'라고 해요. 반면에 '각각의 주가 서로 조화를 이루어야 해.'라고 생각하며 정부와 의회, 법원이 힘의 조화를 이루어야 한다고 주장한 사람들을 '공화파'라고 해요. 연방파는 상업이 발달한 도시의 사람들이 많았고, 공화파는 농업이 발달한 농촌 사람들이 많았어요.

제퍼슨을 제외한 초기 미국의 장관들은 대부분 연방파였어요. 미국 정부의 힘이 강하기를 원하는 사람들이었어요. 대표적인 사람이 알렉산더 해밀턴이에요. 30대 중반의 젊은 해밀턴은 국가의 재정을 담당하는 재무 장관으로 워싱턴 대통령의 총애를 받았어요. 해밀턴을 중심으로 한 초대 장관들은 강한 미국 정부를 원했어요. 특히, 외교와 군사 부분에서 강해져야 한다고 주장했어요.

제퍼슨의 생각은 연방파의 생각과 많이 달랐어요. 그는 정부가 너무 강력해지면 영국의 왕정과 다를 것이 없다고 생각했어요. 제퍼슨은 국민들이 직접 뽑는 의회와 법을 판단하는 법원도 정부와 비슷한 힘을 가져야 한다고 주장했어요.

제퍼슨과 해밀턴 둘 다 미국의 밝은 미래를 원했지만, 미국이 가야 할 길에 대해서는 생각이 달랐어요. 제퍼슨은 수많은 연방파 사람들 사이에서 점점 외로워졌어요.

해밀턴을 비롯한 연방파 사람들은 강한 미국 정부 만들기에 온 힘을 기울였어요. 제퍼슨은 해밀턴의 의견에 번번이 반대의 의사를 표시했어요. 하지만 워싱턴은 해밀턴의 주장에 힘을 실어 주었어요. 새 나라 미국에서 자신이 할 일이 많을 것이라고 생각했기에 제퍼슨은 더욱 실망했어요.

'나는 많은 국민이 정치에 참여하는 나라가 되었으면 하는데, 이 정부는 강력한 힘을 원하고 있다. 내가 할 수 있는 일이 많지 않구나.'

미국 정부는 해밀턴이 실질적으로 이끌어 갔어요. 해밀턴은 자신이 원하는 대로 정책을 만들었고, 제퍼슨이 제안한 정책 대부분에 반대 의사를 표시했어요. 해밀턴이 유일하게 제퍼슨에게 양보한 것은 새 수도 워싱턴 D.C.가 들어설 위치뿐이었지요.

결국 제퍼슨과 해밀턴 두 사람은 각자의 길을 가게 되었어요. 두 사람을 각각 지지하는 공화파와 연방파의 갈등은 커져 갔어요.

제퍼슨은 공화파를 이끌며 권력을 독점하고자 하는 연방파와 싸웠어요. 이런 상황에서 워싱턴 대통령은

연방파

또다시 대통령에 선출되었어요. 워싱턴 대통령은 계속해서 연방파를 신뢰했어요. 연방파와 공화파는 프랑스와 외교 문제를 놓고 또다시 갈등했어요. 당시 프랑스는 대혁명이 진행 중이었어요. 미국은 프랑스 대혁명이 일어났을 때부터 우호적인 입장을 취했어요. 문제는 프랑스의 혁명이 점점 과격해져 갔던 거죠.

미국 내에서도 프랑스에서 벌어지는 혁명에 대한 시각 차이가 생겨났어요. 제퍼슨을 비롯한 공화파는 프랑스 혁명에 대해 계속해서 신뢰를 보여 주었어요. 하지만 연방파는 프랑스 혁명에 대해 좋지 않은 시선을 보냈어요. 그러던 1793년 1월, 프랑스 국민들은 자신들의 왕의 목숨을 빼앗았어요. 이를 중요한 사건이라고 생각한 미국 정부는 회의를 열었어요. 연방파인 해밀턴이 처음으로 입을 열었어요.

"이제 프랑스와 우리 사이에 맺은 조약은 모두 무효입니다. 우리는 프랑스 왕과 조약을 맺었기 때문입니다. 혁명이 벌어지고 있는 프랑스는 우리와 무관합니다. 이미 영국과 에스파냐 등 유럽의 국가들이 프랑스를 적으로 대하고 있습니다."

제퍼슨의 생각은 달랐어요.

"우리도 영국의 왕으로부터 벗어나기 위해 독립 전쟁을 벌였습니다. 그리고 우리 미국은 영국으로부터 독립할 때 프랑스의 도움을 많이 받았습니다. 이제 프랑스가 그들의 왕을 없애고 혁명을 시작하고 있습니다. 프랑스와 우리는 같은 처지입니다. 우리는 프랑스의 편이 되어서 그들의 혁명이 성공할 수 있게 도와야 합니다."

두 사람을 중심으로 연방파와 공화파는 또다시 대립했어요. 워싱턴 대통령은 오랜 시간 고민 끝에 입을 열었어요.

"제퍼슨 장관의 말이 옳습니다. 하지만……."

워싱턴 대통령은 한참 동안 창밖을 바라보다가 다시 말을 이었어요.

"우리 미국은 나라를 세운 지 얼마 되지 않았습니다. 또 프랑스를 도울 만큼 힘이 대단하지도 않습니다. 오히려 프랑스를 돕다가 영국이나 에스파냐와 전쟁을 벌여야 할지 모릅니다. 나는 대통령으로서 우리 미국의 안정이 가장 중요합니다. 이제 우리는 모든 유럽의 국가로부터 중립을 선언합니다. 누구의 편도 들지 않을 것입니다."

워싱턴 대통령은 유럽의 다툼에 끼어들고 싶지 않았어요. 결국 프랑스를 외면했지요. 제퍼슨은 미국의 외교를 책임지는 국무 장관으로서 크게 실망했어요.

'워싱턴 대통령은 더 이상 나를 신뢰하지 않는다. 다른 부분은 해밀턴

 제퍼슨 vs  해밀턴, 뜨겁게 토론하다

 해밀턴, 우리 미국이 가야 할 방향이 무엇이라고 생각합니까?

지금 미국 정부는 13개 주가 하나로 합쳐진 것에 불과해 아무런 힘이 없는 상태입니다. 지방에서 반란이 일어나도 해결할 군대가 없습니다. 저는 강력한 미국 정부가 필요하다고 생각합니다. 제퍼슨 장관님은 어떻게 생각합니까?

 저는 정부가 국민을 위해 존재해야 한다고 생각합니다. 지난 독립 전쟁 시절 우리는 강력한 정부 없이도 영국을 물리쳐 독립을 쟁취했습니다.

계속 그렇게 우리를 지킬 수 있을까요? 미국 전체의 정부인 연방 정부가 강해야 영국이나 다른 나라의 침략을 받지 않을 것입니다.

 저도 강한 미국이 되기를 소망합니다. 하지만, 강한 미국을 위해 반드시 강한 대통령이 있어야 하는 건 아니라고 생각합니다. 강력한 힘을 가진 대통령은 자칫 왕이 될 수 있거든요. 권력은 국민들로부터 나오는 것입니다.

제퍼슨 장관님의 걱정 잘 알겠습니다. 그러나 저도 더 이상 양보할 수는 없습니다. 저는 연방 정부를 강하게 만드는 것에 제 모든 힘을 쏟아 부을 것입니다. 앞으로 미국 중앙은행도 만들고 미국 정부가 직접 세금도 거두게 할 것입니다. 이 나라는 상공업 중심의 나라로 발전할 것입니다.

 저와 많은 생각이 다르시군요. 저는 미국이 스스로 농장을 운영할 농장주 중심의 나라가 될 것이라는 기대가 있습니다.

안타깝습니다. 제게 주어진 권한 안에서 저는 최선을 다하겠습니다.

의 주장대로 할 수 있지만 외교 분야는 국무 장관의 가장 중요한 일이 아닌가? 내 입장이 하나도 반영되지 않는데, 내가 더 이상 국무 장관을 해야 할 이유는 없다. 내가 그만두어야 할 시간이 온 것 같구나.'

제퍼슨과 해밀턴의 갈등이 점점 커지자, 워싱턴 대통령은 두 사람에게 각각 화해할 것을 부탁하는 편지를 보냈어요. 하지만 두 사람은 화해하지 않았고 감정은 더 악화되어 갔어요. 결국 제퍼슨은 1793년, 장관직을 그만두고 몬티셀로로 돌아왔어요. 고향에 돌아온 제퍼슨은 제임스 매디슨에게 공화파를 맡겼어요. 제퍼슨은 정치 현실을 잊고 싶었답니다.

부통령이 되어 정치계에 복귀하다

몬티셀로로 돌아온 제퍼슨은 정원과 농장을 제대로 가꾸는 일에 집중했어요. 책을 읽을 수 있는 좋은 기회였지만, 제퍼슨은 재미를 붙인 농사일에 빠져들었어요.

제퍼슨은 우선 농사를 위해 방앗간을 지었어요. 그리고 몬티셀로를 재정비하는 데 필요한 물건을 만들 시설도 세웠어요. 황폐해진 농장을 가꾸는 일은 한동안 정치에만 집중했던 제퍼슨에게는 힘겨운 것이었어요. 하지만 시간이 지날수록 마음이 편안해졌어요. 정치를 하면서 쌓였던 스트레스를 날려 버릴 수 있었어요.

'몬티셀로에서의 일상은 참으로 평온하군. 간간히 정치 소식이 들려오긴

하지만 당분간은 쉬고 싶네. 건강도 좋아지는 것 같고.'

　제퍼슨이 몬티셀로에 돌아간 후에도 연방파와 공화파는 끊임없이 다투었어요. 워싱턴 대통령은 이 모든 것이 대통령인 자신의 책임이란 생각에 괴로웠어요. 그리고 세 번째 대통령 선거에는 나서지 않겠다고 발표했어요. 많은 사람들은 워싱턴 대통령이라면 또다시 대통령 선거에 나와도 당선될 것이라 생각했기 때문에 모두들 놀랐어요. 워싱턴 대통령의 이야기를 들은 영국의 왕 조지 3세는 코웃음을 쳤어요.

　"권력을 가진 자가 스스로 물러나다니. 그럴 리가 없을 텐데……."

　"폐하, 진짜로 그만둔다고 신문에도 실렸습니다."

　"만약 워싱턴이 그리한다면, 세계에서 가장 훌륭한 사람이라고 내가 인정하지."

　워싱턴 대통령의 말은 사실이었어요. 그는 최고 권력의 자리에서 아무런 욕심 없이 내려왔어요. 미국의 첫 번째 대통령은 그렇게 몸소 민주주의를 실천했어요. 민주주의에서 권력은 유럽의 왕처럼 평생 소유하는 것이 아니라, 국민에 의해 주어지고 임기가 끝나면 다시 사회에 되돌려 주는 것임을 보여 줬어요.

　워싱턴은 말은 쉽지만 실천하기 쉽지 않은 일을 해냈어요. 그리고 워싱턴의 뒤를 이은 미국의 대부분의 대통령들도 워싱턴 대통령이 했던 것처럼 두 번까지만 대통령에 머물렀어요. 워싱턴 대통령의 행동은 미국의 민주주의 발전에도 큰 영향을 끼쳤고, 미국의 민주주의를 배우는 수많은 나라에

〈지휘관에게 작별 인사하는 워싱턴〉
1796년 조지 워싱턴이 대륙 회의에서 세 번째 대통령에 출마하지 않겠다고 선언한 뒤 한 지휘관과 작별 인사를 나누는 모습을 그렸다.

도 영향을 끼쳤답니다.

곧이어 미국의 제2대 대통령 선거가 시작되었어요. 제퍼슨이 몸 담았던 공화파에서는 잠시 정치를 떠나 있는 제퍼슨이 적임자라고 생각했어요. 공화파는 몬티셀로에 사람을 보내 제퍼슨을 설득했어요.

"제퍼슨, 미국이 독립할 때 우리가 어떤 나라를 세우고 싶었는지 생각해 보세요."

"워싱턴 대통령이 있을 때에는 연방파가 힘이 있었지만, 이제 우리 공화파도 이 나라를 위해 할 일이 있지 않습니까? 제퍼슨, 우리에게는 당신이 필요합니다."

"그렇소. 한때 내가 만들고 싶었던 미국이 있었지. 불가능하다고 생각했는데 내가 대통령이 되면 가능할지도 모르겠군. 좋소. 대통령 선거에 출마하겠소!"

공화파는 제퍼슨을 대통령 후보로 내세웠어요. 이에 맞선 연방파는 제1대 부통령이었던 존 애덤스를 후보로 내 경쟁을 시작했어요.

"존 애덤스를 뽑아 주시면 워싱턴 대통령의 정책을 이어받아 연방 정부

중심의 강한 미국을 건설하겠습니다."

"저 제퍼슨이 대통령이 된다면 국민의 자유를 보장하는 정부를 만들겠습니다. 언제나 국민의 목소리에 귀를 기울이겠습니다."

존 애덤스는 국민들이 정치에 참여하는 것을 원치 않았어요. 국민들은 투표만 하면 된다는 입장이었죠. 제퍼슨의 생각은 달랐어요. 국민들이 항상 정치 권력을 감시해야 하고, 미국은 공화정을 통해 발전해야 한다고 여겼어요. 그것이 민주주의를 정착시키는 길이라고 믿었어요. 국민의 권리를 보호하는 것이 국가의 중요한 임무라고 본 것이에요.

'선거로 당선된 대통령이라 할지라도 모든 것을 마음대로 하면 안 된다. 그러면 왕과 무엇이 다른가? 공화정은 국민들이 함께 의견을 내고 논의를 통해 국가를 발전시킬 수 있다. 국민이 투표만 하고 정치에 신경 쓰지 않으면 그 나라의 대통령은 반드시 왕과 같은 권력을 얻게 될 것이다. 우리 미국이 나아가야 할 방향은 왕이 군림하는 군주제가 아니라 대통령제이다. 내가 대통령이 되면 대통령의 권한을 줄이고, 국민들의 의견을 반영할 수 있는 그런 지도자가 되겠다.'

제퍼슨은 국민들의 참여로 만들어진 정부를 꿈꿨어요. 하지만 두 사람의 대통령 선거 결과는 71 대 68로 존 애덤스의 승리로 끝났어요. 존 애덤스가 미국의 제2대 대통령, 제퍼슨은 제2대 부통령이 되었어요.

대통령에 당선된 존 애덤스는 워싱턴 대통령이 추진해 오던 것들을 그대로 유지했어요. 제퍼슨은 존 애덤스의 생각에 반대 의견을 표시했지만 존 애덤스 대통령은 제퍼슨의 의견에 귀를 기울이지 않았어요. 존 애덤스 대통령은 해군을 만들어 영국, 프랑스 등 유럽 국가의 침입에 대비했어요. 강력한 미국을 만들기 위해 군대의 규모를 늘려 갔어요.

'미국의 군대가 점점 강력해지고 있다. 육군도 예전보다 강해졌고, 해군이 만들어지면서 우리 미국의 힘은 더욱 강해졌다. 하지만 전쟁의 위험에서 벗어나면 군대는 반드시 정치 권력자의 편에 서게 된다. 그리고 민주주의를 위협할 것이다. 우리는 영국의 침략도 스스로 조직한 군대로 무찌른 경험이 있다. 큰 규모의 군대가 아니더라도 우리는 스스로를 지켜 낼 수 있다.'

제퍼슨은 미국의 군대 규모가 커지는 것에 대해 고민했어요. 그리고 존 애덤스 정부를 정면에서 비판했어요. 그러자 존 애덤스는 사람들이 정부를 비판하는 목소리를 내지 못하도록 신문을 폐지하는 '선동 방지법'을 만들었어요. 존 애덤스는 이 법으로 제퍼슨의 주장에 국가 반역의 의도가 들어 있다고 공격했어요.

제퍼슨은 분노했어요. 존 애덤스 정부가 만든 법에 저항해야 한다고 생각했어요. 그는 존 애덤스 정부가 만든 법은 미국의 독립 혁명 정신을 해치는 것이라고 주장했어요. 그리고 미국이 다시 왕이 다스리는 국가로 되돌아가고 있다며 걱정했어요.

"여러분, 지금 나를 공격하는 이 법은 분명 잘못된 것입니다. 헌법이 보장한 언론의 자유를 막고 있어요. 민주 국가의 국민이라면 누구나 자신의 주장을 펼칠 수 있어야 합니다. 국가가 국민의 입을 강제로 막는 것은 위험한 일이에요!"

존 애덤스 정부는 정부를 비판하는 사람들을 감옥에 가두었어요. 사람들은 정부에 겁을 먹었어요.

"정부를 비판하면 감옥에 가게 되는데 참 두렵구나."

"나도 가족이 있으니 몸조심해야겠는걸. 정부가 나쁘지만 참아야겠어."

한편에서는 정부를 향해 거친 비판의 화살을 쏘는 사람들도 있었어요.

언론의 자유를 보장하라!

1798년 연방 의회 의사당에서 벌어진 싸움을 희화한 그림. 연방파 의원은 지팡이로, 공화파 의원은 화로 집게를 들고 서로를 공격하고 있다.

"정부가 국민들의 의견에 귀를 기울이지 않다니. 이 정부는 누구를 위해 존재하는 정부인가?"

"미국 정부는 국민의 입을 막고 있다. 정부가 만든 법은 악법이다. 이 법을 무효로 바꾸어야만 국민의 자유를 보장할 수 있다."

사람들은 저마다 정부가 만든 법에 대해 생각이 달랐어요. 대부분의 사람들은 정부의 새 법이 많은 사람들의 자유를 막는다고 생각했어요. 제퍼슨과 공화파 사람들도 참을 수 없었어요. 결국 연방파와 공화파는 또다시 싸우게 되었어요.

"존경하는 의원 여러분, 지금 연방파는 국민들의 입을 막고 있습니다. 또 전쟁을 준비한다며 더 많은 세금을 거두고 있습니다. 강력한 정부를 만들기 위해 여러분들의 자유를 제한하고 있는 것입니다."

"여러분, 공화파의 말을 들어서는 안 됩니다. 지금 공화파는 권력을 차지하기 위해 거짓말을 하고 있습니다. 저희 연방파는 국민들을 위해 오늘도 열심히 일하고 있습니다."

미국 정치계는 분열했고 갈등만 남았어요. 연방파와 공화파의 사이가 점점 나빠지는 사이, 미국 역사상 가장 중요한 사람이 세상을 떠났어요. 미국의 초대 대통령 워싱턴이 1799년 사망한 것이에요. 그는 대통령직에서 물러난 뒤에도 미국의 분열을 걱정했어요. 그래도 연방파와 공화파의 갈등은 끝이 날 줄을 몰랐어요.

미국의 제3대 대통령 제퍼슨

1800년 미국은 제3대 대통령 선거를 하게 되었어요. 다시 연방파와 공화파의 운명을 결정지을 선거가 시작됐지요. 이번 대통령 선거의 최고 화제는 연방파의 분열이었어요. 1799년 연방파를 실질적으로 묶어 주던 워싱턴이 사망하자, 연방파는 현직 대통령인 애덤스를 지지하는 사람과 반대하는 사람으로 분열했어요. 연방파의 분열은 반대편 공화파에게 유리한 상황을 만들어 주었답니다. 사람들은 싸움을 벌이던 연방파 대신에 공화파를 지지하기 시작했어요.

연방파의 대통령 후보는 또다시 존 애덤스로 결정되었어요. 애덤스를 반대하는 연방파 사람들은 공화파 후보들에게 투표했어요. 당시 공화파는 제퍼슨과 애런 버를 후보로 내세워 크게 승리했어요.

그런데 중대한 문제가 생겼어요. 대통령 선거인단의 투표 결과 공화파 후보였던 제퍼슨과 애런 버가 공동 1위를 한 것이에요.

선거 결과 동점 1위가 나오자, 법에 따라 하원 의회로 대통령 결정권이

넘어갔어요. 하원 의회에서는 제퍼슨과 애런 버를 대상으로 대통령을 결정짓는 투표를 했어요. 그런데 또 동점 투표가 나왔어요. 하원 의원들은 허탈했어요.

"또 동점이 나왔네. 어떻게 이런 일이 생기지?"

"그러게요. 공화파끼리 대통령 선거를 하는데 또 동점이 나오다니 신기한 일입니다. 또 투표를 해야겠네요."

하원 의회에서 두 번째 투표를 실시했어요. 신기하게도 또 동점이었어요. 제퍼슨과 애런 버를 지지하는 사람들이 선택을 바꾸지 않았던 것이었어요. 그렇게 무려 3주 동안 서른다섯 번이나 투표를 진행했지만 두 사람의 각 지지자들은 마음을 바꾸지 않았어요.

며칠 뒤 연방파를 이끌던 해밀턴이 연방파 하원 의원들을 모았어요. 해밀턴은 제퍼슨과 사이가 좋지 않았지만, 애런 버가 대통령이 되는 것을 원치 않았어요. 해밀턴은 연방파 하원 의원들에게 애런 버의 단점을 이야기했어요.

"존경하는 연방파 의원님들, 제가 보기에 애런 버는 믿을 수 없는 사람입니다. 제퍼슨과 애런 버 모두 우리 연방파의 적이지만, 오랫동안 정치를 해 왔던 제퍼슨이 안정적으로 미국을 이끌 것 같습니다. 제퍼슨을 지지하는 것이 좋겠습니다."

해밀턴이 제퍼슨을 지지한 이후, 서른여섯 번째 투표에서 제퍼슨은 미국의 제3대 대통령에 당선되었어요. 1801년 2월 17일의 일이었어요. 2위로 결정된 애런 버는 법에 따라 부통령이 되었지요. 제퍼슨은 정치를 시작한 지 32년 만에 미국을 대표하는 대통령의 자리에 올랐어요.

1801년 3월 대통령 취임사에

서 제퍼슨은 청중들에게 다음과 같이 말했어요.
"우리는 모두 공화파이며 동시에 모두 연방파입니다."
하지만 연설의 내용과는 달리 제퍼슨은 제임스 매디슨을 국무 장관에 임명하는 등 공화파 사람을 주로 공직에 임명했어요. 연방파와 공화파의 갈등은 극복되기 어려운 것이었어요.
제퍼슨이 대통령 취임식을 가진 곳은 워싱턴 D.C.였어요. 지금은 전 세계의 눈과 귀가 워싱턴 D.C.를 향하고 있지만, 제퍼슨이 대통령이 된 시절의 워싱턴 D.C.는 보통의 시골 마을이었어요.

제퍼슨은 대통령이 되자마자 대통령의 권위를 버렸어요.

"대통령도 하나의 국민인데 왕처럼 궁중 예절을 지킬 필요는 없지요. 꼭 격식에 맞는 의복을 입을 필요는 없다고 봅니다. 저는 편안한 옷을 입고 일을 하겠습니다."

제퍼슨의 행동은 사람들의 눈과 귀를 사로잡았어요. 하지만 자유분방한 생각을 가진 대통령에게 불만을 표시하는 사람들도 있었어요. 그들은 대통령이라는 자리가 하나의 특권이라고 생각했기 때문이에요. 유럽에서 온 외교관들도 제퍼슨의 편안한 옷차림과 예의에 놀라워했어요.

제퍼슨 대통령의 검소한 모습은 제퍼슨이 이끄는 정부에도 그대로 전달되었어요. 정부의 관리들도 제퍼슨 대통령을 따라 국민들에게 친근하게 다가갔어요. 제퍼슨 대통령의 파격적인 모습은 계속되었어요.

"내가 현재 거주하는 대통령 관저를 사람들에게 개방해도 될 것 같은데, 여러분들의 생각은 어떠십니까?"

"아무리 그래도 대통령이 일하는 곳인데 누구나 올 수 있다면 안 될 것 같습니다. 대통령의 경호도 어려워질 것 같고요."

"나는 사람들에게 모든 것을 다 보여 줄 수 있습니다. 대통령이라고 특별할 것은 없지요. 심지어 아메리칸 인디언도 초대할 생각입니다."

"꼭 그럴 필요가 있을까요?"

"대통령은 왕의 자리가 아닙니다. 국민들이 가진 권력을 제게 잠깐 준 것

뿐이지요. 우리 미국이 영국을 포함한 유럽의 여러 나라와 다른 점은 왕이 없다는 것입니다. 그래서 우리 미국은 유럽보다 훨씬 더 발전할 것입니다."

제퍼슨은 기존의 모든 권위를 부정했어요. 대통령에 올랐음에도 그렇게 행동할 수 있었던 것은 제퍼슨이 다른 사람의 눈치를 보지 않는 사람이었기 때문이에요. 제퍼슨은 자신만의 기준이 있었고, 겉치레에는 관심이 없었어요.

제퍼슨은 연방 정부의 힘을 줄여 나갔어요. 모든 국가의 일은 논의를 통해 진행했어요. 대통령인 제퍼슨도 여러 장관과 마찬가지로 한 표만을 행사했어요. 제퍼슨은 의회에서 만든 법에 대해 한 번도 대통령의 거부권을 행사하지 않았어요. 현명한 의원들이 다수결로 정한 법을 대통령 혼자의 의견으로 반대할 수 없다고 생각했지요. 대통령이 나서 의회를 존중하자 의회도 국가의 미래를 위하여 좋은 법을 만들었어요.

제퍼슨은 의회의 의원들과 자주 식사를 했어요. 자주 만남을 가져 소통하며 의견을 들으려 했어요. 제퍼슨의 노력으로 대통령과 의회는 서로 협력하는 사이가 되었어요. 제퍼슨이 대통령으로 있었던 8년은 미국 정치의 모범이라 할 만한 시대였답니다.

'정부가 모든 것을 다 할 필요는 없다. 사람은 독립적인 존재이다. 누구나 자신과 가족을 돌볼 능력이 있다. 정부는 국민이 그렇게 살 수 있도록 뒤에서 도우면 되는 것이다.'

제퍼슨은 작은 정부를 꿈꾸었어요. 군대의 규모도 줄여 세금을 줄일 수 있었지요. 군대는 왕이 다스리는 사회에나 필요한 것이라 여겼어요. 민주 국가에서 군대는 최소한이어야 한다는 것이 제퍼슨의 신념이었어요. 다른 국가의 침입이 발생한다면 국민 스스로가 일어나 자신과 국가를 지켜낼 수 있다고 믿었지요.

나라 안의 많은 문제를 해결한 제퍼슨은 미시시피 강 서쪽으로 관심을 옮겼어요. 대통령으로서 영토 문제에 관심을 가지는 것은 당연한 일이지만 제퍼슨 개인적으로도 미국의 서부에 호기심이 많았어요.

제퍼슨은 어린 시절부터 아버지를 따라 버지니아 지역의 서쪽 경계까지 자주 다녔어요. 그때마다 서쪽 경계선 너머에는 누가 살고 있는지 궁금했어요. 어떤 자연 환경이 있는지, 그 끝은 어디인지 어린 제퍼슨은 항상 궁금했어요. 시간이 흘러 미국의 대통령이 된 제퍼슨은 미국 서쪽의 어마어마하게 큰 땅이 다시금 궁금해졌어요.

제퍼슨이 궁금해 하던 서쪽 땅은 에스파냐의 지배 아래 있었어요. 유럽에서는 나폴레옹이 프랑스의 지배자가 되어 전 유럽과 전쟁 중이었어요. 나폴레옹은 에스파냐를 물리치고 북아메리카의 땅을 빼앗았어요.

미국인들은 프랑스가 미국 서부를 차지하자 매우 놀랐어요. 프랑스가 미국까지 침략할 수 있는 상황이 됐거든요. 제퍼슨은 의회의 허락을 구해 군대를 늘렸어요. 프랑스와 전쟁도 각오한 결정이었어요.

"나는 영국이 우리나라에 영원히 간섭할 수 없도록 프랑스와 잘 지내야 한다고 생각합니다. 그러나 프랑스가 우리나라를 침략하도록 내버려 둘

수는 없습니다. 당분간은 군대를 늘리고 전함을 만드는 데 돈을 써야겠습니다. 혹시 일어날 수 있는 전쟁을 준비할 겁니다."

제퍼슨은 머릿속이 복잡해졌어요. 그는 유럽 전체를 뒤흔드는 프랑스를 막아 내기 위해 영국과 손을 잡을 수도 있다고 생각했어요. 이후 프랑스는 제퍼슨의 생각대로 미국이 영국과 손을 잡지 않을까 우려했어요. 프랑스는 미국이 영국과 친해지는 것을 원치 않았거든요.

제퍼슨은 프랑스에 외교관을 보내 미국 서부의 프랑스 땅을 사겠다는 뜻을 전달했어요. 제퍼슨의 기대대로 나폴레옹은 선뜻 그 땅을 미국에 팔았어요. 나폴레옹은 루이지애나 땅이 쓸모가 없다고 생각했거든요. 그래서 전쟁에 필요한 돈도 벌고 영국을 고립시키기 위해 제퍼슨 대통령의 제안을 받아들였어요.

땅을 사기 위해 1,500만 달러라는 큰돈이 들었지만, 제퍼슨의 이 결정으로 미국의 영토는 2배가 되었어요. 이때 획득한 영토는 현재 미국의 14~15개 주에 해당할 만큼 엄청나게 컸답니다. 역사상 가장 큰 규모의 땅 거래였고, 제퍼슨의 미래를 내다보는 눈을 보여 주는 중요한 사건이었어요.

어마어마한 영토를 사들인 제퍼슨은 믿음직한 보좌관 두 명에게 임무를 주었어요. 그 임무는 제퍼슨의 호기심을 채우면서 국가의 미래를 위한 정보를 얻어 내는 것이었어요.

"루이스, 나를 대신하여 서부의 새 영토를 탐험해야 한다. 그것이 너의

임무이다. 네 동료 클락과 함께 탐험하고 조사 보고서를 작성하게."

"네, 대통령님의 눈과 귀가 되어 새로 획득한 영토에 대한 정보를 가져오겠습니다. 그리고 그 땅에 거주하는 아메리칸 인디언들에게도 우리의 뜻을 잘 전달하겠습니다."

제퍼슨은 직접 새로운 영토를 탐험하고 싶었어요. 하지만 한 나라의 대통령이 개인적인 호기심 때문에 탐험에 나설 수는 없었어요. 제퍼슨이 보낸 루이스와 클락은 루이지애나 구입지 구석구석을 탐험했어요. 이들은 새 영토를 탐험하는 데 약 2년 4개월의 시간을 보냈어요. 이들은 루이지애나 구입지를 지나 태평양이 보이는 곳까지 탐험하며 가는 곳마다 땅의 정보와 그 땅에 살고 있는 동식물을 기록해 나갔어요.

그들은 아메리칸 인디언들에게 제퍼슨의 평화로운 의도를 전달했어요. 아메리칸 인디언들도 제퍼슨의 의도를 이해하고 루이스와 클락 탐험대를 도와주었어요. 이때 획득한 정보는 미국 발전의 중요한 토대가 되었어요. 이들이 돌아오고 난 뒤 제퍼슨을 비롯한 많은 미국 사람들은 서부에 대한 호기심을 키워 나갈 수 있었지요.

'프랑스로부터 사들인 루이지애나 땅 정도면 거의 모든 미국인들이 땅을 가질 수 있어. 그들은 자신의 땅을 개척하면서 자유를 만끽할 수 있을 거야. 땅을 소유한 각 개인은 경제적으로 안정이 될 거고, 이들이 미국의 민주주의를 더욱 발전시킬 것이라고 확신해.'

제퍼슨은 땅을 가진 수많은 미국인들이 미국의 공화정과 민주주의를

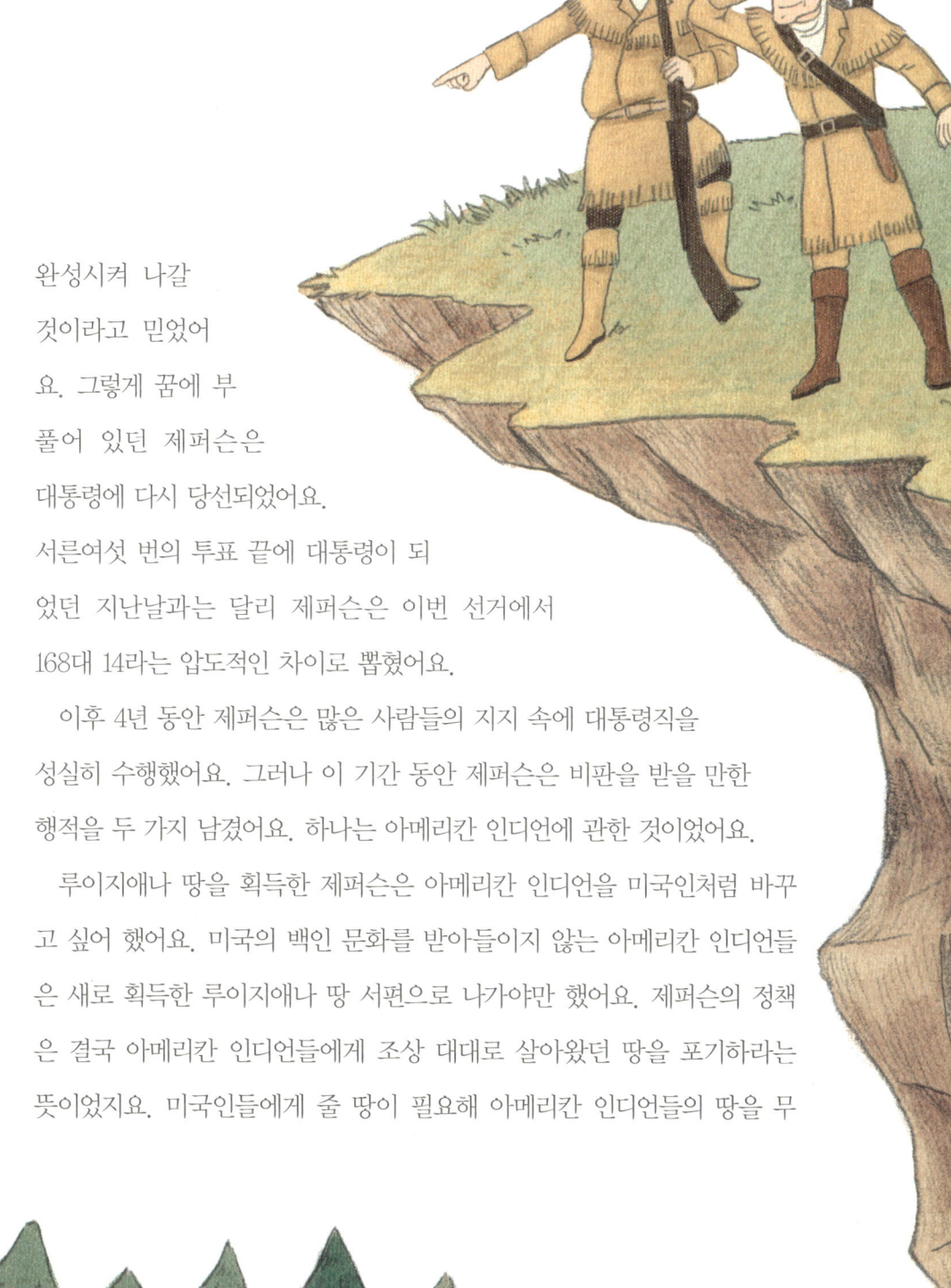

완성시켜 나갈 것이라고 믿었어요. 그렇게 꿈에 부풀어 있던 제퍼슨은 대통령에 다시 당선되었어요. 서른여섯 번의 투표 끝에 대통령이 되었던 지난날과는 달리 제퍼슨은 이번 선거에서 168대 14라는 압도적인 차이로 뽑혔어요.

 이후 4년 동안 제퍼슨은 많은 사람들의 지지 속에 대통령직을 성실히 수행했어요. 그러나 이 기간 동안 제퍼슨은 비판을 받을 만한 행적을 두 가지 남겼어요. 하나는 아메리칸 인디언에 관한 것이었어요.

 루이지애나 땅을 획득한 제퍼슨은 아메리칸 인디언을 미국인처럼 바꾸고 싶어 했어요. 미국의 백인 문화를 받아들이지 않는 아메리칸 인디언들은 새로 획득한 루이지애나 땅 서편으로 나가야만 했어요. 제퍼슨의 정책은 결국 아메리칸 인디언들에게 조상 대대로 살아왔던 땅을 포기하라는 뜻이었지요. 미국인들에게 줄 땅이 필요해 아메리칸 인디언들의 땅을 무

력으로 빼앗은 것이나 다름없었어요.

  제퍼슨은 다른 백인 정치가들에 비해 아메리칸 인디언을 배려하는 마음이 좀더 있었지만 백인들의 문화가 우월하다는 생각이 밑바탕에 있었어요. 그래서 아메리칸 인디언들에게 백인의 문화를 받아들이라고 한 것이죠. 결론적으로 여느 백인 정치가와 다를 것이 없었던 것이지요.

또 하나는 출항 금지법을 실행한 거예요. 당시 미국은 프랑스가 전 유럽을 상대로 전쟁을 벌이는 동안 중립을 유지하며 유럽 각국에 물건을 팔면서 돈을 벌었어요. 1805년 프랑스는 바다에서 영국에 크게 패배했어요. 이후 프랑스는 영국으로 가는 모든 배를 통제했어요. 강력한 해군을 자랑했던 영국은 바다에서 영국 배가 아닌 배들은 모두 공격했어요.

 제퍼슨은 두 강국에서 인정받지 못할 바에는 아예 유럽으로 배를 보내지 말기로 결정해요. 조금만 지나면 영국과 프랑스도 미국을 인정해 줄 것이고, 안전하게 유럽에 물건을 팔 수 있을 거라고 판단한 것이죠.

하지만 상황은 제퍼슨의 의도와 다르게 전개되었어요. 영국과 프랑스는 미국을 신경 쓰지도 않았고, 유럽에 물건을 팔지 못하게 된 미국인들은 제퍼슨의 출항 금지법을 거세게 비판했어요. 그런데도 제퍼슨은 고집을 꺾지 않았어요. 결국 제퍼슨에 대한 지지는 점점 떨어져 갔어요.

하지만 아직도 많은 사람들은 제퍼슨이 대통령을 한 번 더 맡아 주기를 기대하고 있었어요. 실제로 제퍼슨이 대통령에 당선될 확률은 무척 높은

미국의 지폐 중 2달러의 모델은 제3대 대통령 제퍼슨이에요. 앞면에는 제퍼슨의 얼굴이 그려져 있고, 뒷면에는 제퍼슨이 독립 선언서에 서명하는 장면을 담고 있  지요. 현재 2달러 지폐는 미국에서 행운의 상징으로 알려져 있답니다.

 2달러 지폐는 실제로 사용하기에 불편함이 있어 잘 쓰이지 않고, 오히려 수집용으로 인기를 끌고 있어요. 현재 지폐의 모습으로는 1928년 처음 발행되었고, 제퍼슨도 이때부터 2달러 지폐의 모델이 되었지요. 이후 몇 차례 더 2달러 지폐가 발행되었으나 모두 수집가들에게 인기가 높답니다.

편이었어요. 그러나 제퍼슨은 대통령 선거에 출마하지 않는다는 입장을 분명히 했어요.

제퍼슨은 대통령의 자리에 연연하지 않았어요. 본인이 아니어도 미국을 이끌어 갈 인재들은 많다고 생각했어요. 초대 대통령 워싱턴이 남긴 정치 유산을 지키기로 결심한 것이지요. 당시 미국은 대통령의 연임 횟수가 정해져 있지 않지만 워싱턴과 마찬가지로 2번까지만 대통령을 하고 내려왔어요.

제퍼슨의 이러한 결정은 후대 미국 대통령들에게 중요한 본보기가 되었답니다. 제퍼슨은 대통령의 임기가 끝나자마자 워싱턴 D.C.를 떠나 고향인 몬티셀로로 돌아갔어요. 후임 대통령은 제퍼슨의 정치적 동반자인 제임스 매디슨이 되었답니다.

- 독서와 글쓰기를 음미한 삶
- 대학을 세워야 하는 이유
- 몬티셀로에 별이 지다
- 죽음 이후 그가 세상에 끼친 영향

버지니아 대학교를 세우다 6

4년 동안의 부통령에 이어 8년 동안 대통령의 임무를 다한 제퍼슨은 고향인 몬티셀로로 돌아왔어요. 그곳에서 가족들과 즐거운 시간을 보내고 집을 새로 단장하고 정원을 가꾸며 일상에 필요한 발명품을 만들었어요. 또 그는 버지니아 대학교를 설립하기도 했어요. 대통령직에서 물러난 뒤 제퍼슨이 어떻게 지냈는지 살펴볼까요?

독서와 글쓰기를 음미한 삶

몬티셀로로 돌아온 제퍼슨은 정치에 신경 쓰고 싶지 않았어요. 그는 책이 주는 즐거움에 빠졌어요. 예순이 훨씬 넘은 나이였으나 책을 향한 그의 열정은 어릴 때와 변함없었어요. 여느 때와 다름없이 제퍼슨이 일찍 일어나 책상에서 책을 읽고 있을 때였어요.

"할아버지, 우리 왔어요."

손주들이 방문을 열고 들어와 제퍼슨에게 놀아 달라고 보챘어요.

"잠깐만 기다려라. 이것만 읽고 놀아 줄게."

"할아버지, 이게 뭐예요? 책상이 이상하게 생겼어요."

"이 책상은 할아버지가 만든 거란다. 한 번에 여러 책을 읽을 수 있게 책상에 붙어 있는 독서대를 돌아가게 만들었지. 음식이 돌아가는 것이 아니라 마음의 양식인 책이 돌아가는 책상이란다."

"우아, 할아버지 대단해요!"

"이리 와서 의자에 앉아 보렴. 어떠니?"

의자에 앉은 손녀가 말했어요.

"우아, 의자가 돌아가요!"

"이것도 독서를 위한 장치란다. 늘 독서를 할 수 있게끔 책상과 의자를 바꿔 놓은 거지."

제퍼슨은 발명가로서 탁월한 능력이 있었어요. 독서대가 돌아가는 책상과 의자는 제퍼슨의 책에 대한 열정이 원동력이 되어 멋진 발명품으로 만들어진 것이지요. 제퍼슨은 무엇이든지 관찰하고 새로운 것으로 바꾸려는 생각을 했어요.

  한꺼번에 여러 권의 책을 읽을 수 있게 된 제퍼슨은 기분이 좋았어요. 하지만 여기에 만족하지 않았어요. 그는 여행 중에도 책을 읽고 싶었어요. 그는 접어서 가지고 다닐 수 있는 책상이 있으면 좋겠다고 생각했어요. 결국 접어서 들고 다닐 수 있는 휴대용 책상을 발명했지요.

  제퍼슨은 가족과 지인들에게 많은 편지를 썼어요. 그가 평생 쓴 편지는 18,000여 장이 넘는다고 해요. 당시 사람들은 편지를 쓸 때 자신이 쓴 내

용을 기억하기 위해 보낼 편지와 똑같은 편지를 한 통씩 더 써서 보관했어요. 하지만 제퍼슨은 같은 내용을 다시 쓰는 것이 매우 귀찮고 비효율적이라고 생각했어요.

'어떻게 하면 똑같은 편지를 다시 쓰지 않아도 될까? 그렇다고 한 번만 쓰면 내가 보낸 편지의 내용을 보관할 수 없을 텐데……, 편지를 써 주는 기계를 만들면 한 번만 편지를 써도 되지 않을까?'

제퍼슨은 새로운 기계를 발명하기 위한 아이디어를 짜려고 생각에 빠졌어요. 이번 발명품은 독서 책상보다 좀 더 어려웠어요. 하지만 '필요는 발명의 어머니'였어요. 마침내 제퍼슨은 편지를 한 번만 써도 되는 기계를 만들어 냈어요. 제퍼슨이 기계에서 편지를 쓰면 기계에 연결된 펜이 제퍼슨의 펜과 똑같이 움직이며 자동으로 똑같은 내용의 편지를 쓰는 방식이에요.

제퍼슨은 새로 만든 기계에 대단히 만족했어요. 시간을 절약해 주니 다른 일을 할 수 있었거든요. 같은 시간에 더 많은 사람들에게 편지를 쓸 수 있었죠.

제퍼슨은 어린 손주들과 많은 시간을 보냈어요. 손주들은 책을 보는 할아버지 곁에서 할아버지 흉내를 내며 열심히 책을 읽었어요. 제퍼슨의 한 손녀는 할아버지에 대해 다음과 같이 기억했답니다.

"할아버지는 항상 책을 들고 있었어요. 우리는 할아버지가 독서하는 공간에서는 떠들지 않았지요. 결국 우리도 할아버지를 따라 책을 펼쳐야 했어요. 무슨 내용인지는 몰랐지만 할아버지 흉내를 내면서 책과 가까워졌답니다. 그렇게 한참의 시간이 지난 뒤에야 할아버지는 우리의 책 읽는 모습에 빙그레 웃음을 지으셨어요. 그러고는 책을 덮고 우리와 함께 정원으로 나갔어요. 책 읽는 모습도 기억에 선하지만 우리와 함께 즐거워하던 그 모습을 잊을 수 없어요."

몬티셀로에서의 제퍼슨의 삶은 평온함 자체였어요. 그는 시끄럽고 복잡한 정치계를 떠나 하고 싶은 일을 할 수 있는 삶에 꽤 만족했어요. 그는 틈이 날 때마다 정원을 아름답게 가꾸었어요. 그리고 자신이 보고 듣고 느낀 미국의 역사를 정리하기 시작했어요. 누군가는 미국의 역사를 정리해 놓아야 한다고 생각했기 때문이지요.

'나의 어린 시절, 미국은 존재하지도 않았지. 나는 영국의 식민지였던 버지니아의 시골에서 태어났어. 나는 젊은 시절 자유를 위해 몸을 바쳤고 지금의 미국을 세웠어. 또 운이 좋게도 장관, 부통령, 대통령의 자리까지 올랐으니 남부럽지 않은 삶을 살았지. 내가 직접 겪은 미국의 독립에 관한 역사를 써야겠구나. 또한 버지니아의 역사에 대해서도 글을 써야지.'

제퍼슨은 뜨거운 열정으로 몸소 겪었던 미국 독립의 역사를 쓰기 시작했어요. 자신이 썼던 독립 선언서의 초고를 바탕으로 미국 독립이 어떻게 이루어졌는지 적어 나갔어요. 또한 고향 버지니아에 대한 내용을 담은 책도 완성해 펴내는 등 다양한 저술 활동을 하며 그가 가진 지식들을 정리해 나갔어요.

1814년, 제퍼슨이 몬티셀로로 돌아온 지 5년이 되던 해에 미국은 다시 영국의 침입을 받았어요. 영국군이 미국의 수도 워싱턴 D.C.로 들어와 곳곳의 건물을 파괴했고 이때 미국의 국회 의사당이 불에 탔어요.

"국회 의사당이 불타 버린 소식 들었나?"

"국회 의사당이 불타 버렸다고? 도서관은 괜찮은가?"

"아닐 걸세. 지금 워싱턴은 도서관이고 뭐고 남은 것이 없다네."

"그럼, 도서관에 있는 독립 선언서는 어떻게 됐나?"

"다행히 독립 선언서는 버지니아 지역에서 보관하고 있어서 화를 면한 모양이야."

영국군의 침입으로 불타 버린 워싱턴을 묘사한 목판화

미국은 곧 군대를 정비하여 영국군을 몰아냈어요. 다시 평화가 찾아왔지만 제퍼슨은 무척 마음이 아팠어요. 무엇보다 의회 도서관에 보관되어 있던 귀중한 책들이 불탄 것이 가장 마음이 아팠어요.

'어린 시절 섀드웰의 집이 불탔을 때 가슴이 찢어지는 줄 알았는데……. 또다시 어마어마한 양의 책이 잿더미로 변하는 것을 보다니. 그나마 독립 선언서가 불타지 않아 다행이야.'

제퍼슨은 의회 도서관을 다시 정비하는 데 도움을 주고 싶었어요. 고민 끝에 그는 자신이 가진 수많은 책을 의회 도서관에 기증하기로 결단을 내렸어요.

> 친애하는 의원 여러분.
>
> 지금 제가 펜을 든 이유는 의회 도서관이 불탔다는 소식을 듣고 도움을 주고 싶기 때문입니다. 의회에서 받아 주신다면 제가 가진 책을 의회에 기부하고 싶습니다. 저의 책이 많은 사람들에게 읽히기를 원합니다.

제퍼슨은 자신의 집에 있는 몇 천 권이 넘는 책들을 주제별로 분류한 다음 십여 대의 마차에 나누어 국회로 보냈어요. 평생 자식처럼 애지중지 보관해 온 소중한 책들을 떠나보내려니 마음이 아팠지만, 더 많은 사람들과 책을 읽는 즐거움을 나눌 수 있다고 생각하니 기분이 좋아졌어요. 제퍼슨의 책을 기증받은 의회 도서관은 더욱 큰 규모의 도서관으로 다시 태어났어요. 책 보유량도 불타기 전의 2배 이상으로 늘어났어요. 이렇게 다시 태어난 미국 의회 도서관은 현재 세계에서 가장 큰 규모의 도서관이 되었답니다.

미국 의회 도서관 내부 모습

대학교을 세워야 하는 이유

제퍼슨은 미국의 밝은 미래를 위해서는 제대로 된 교육을 받은 미국 시민이 늘어나야 한다고 생각했어요. 제퍼슨은 수많은 청년들이 꿈을 키울 수 있는 공간을 만들고 싶었어요. 그래서 자신이 사랑하는 고향 버지니아에 두 번째 대학을 세우기로 결심했어요. 대학의 이름은 버지니아 대학교였어요.

> 누구나 교육을 받는 기회는 평등하게 제공되어야 합니다. 국가가 나서서 모두가 무료로 교육을 받을 수 있는 체제를 갖추어야 합니다. 교육을 받은 청년들이 이 나라의 발전에 큰 기여를 할 것입니다. 버지니아 대학교는 특정한 사람들만을 위한 대학교가 아닙니다. 누구에게나 공평한 기회를 부여할 것입니다. 이 일은 20여 년 전부터 제가 준비해 온 일입니다. 많은 관심을 부탁드립니다.

당시 사람들은 정부가 사람들의 교육을 책임질 필요가 없다고 생각했어요. 제퍼슨은 대학을 세워야 하는 이유를 사람들이 이해할 때까지 계속해서 설명했어요. 여러 차례 시도 끝에 마침내 제퍼슨은 대학을 세울 수 있게 되었어요. 많은 사람들이 제퍼슨의 뜻에 공감했던 것이었지요.

대학교를 세우는 일이 결정되자 제퍼슨은 더욱 바빠졌어요. 제퍼슨은 새로 지어질 대학 건물의 설계 그림을 그리기 시작했어요. 제퍼슨은 건축을 제대로 배운 적이 없어요. 그는 건축에 관련된 책을 읽으며 건물 짓는 법이나 건물 디자인을 익혀 나갔어요. 특히 이탈리아의 대표적인 건축가인 팔라디오에 대해 많이 공부했어요.

버지니아 대학교의 디자인을 하는 데에는 손녀인 코넬리아가 많은 도움을 주었어요.

인물 안드레아 팔라디오

16세기 베네치아 공화국의 건축가로 이탈리아에서 가장 유명한 건축가 중 한 사람이에요. 고대 그리스·로마 건축의 영향을 받아 르네상스 시기 팔라디오 양식을 완성했어요. 이후 팔라디오 양식은 영국을 거쳐 미국에 전해졌어요. 제퍼슨은 책을 통해 팔라디오 양식을 배웠다고 합니다.

"코넬리아, 나는 학교에서 가장 중요한 건물은 도서관이라고 생각한다."

"네, 할아버지. 할아버지는 책을 가장 사랑하시잖아요. 저는 당연히 할아버지가 도서관을 학교 중앙에 세울 것이라고 생각했어요."

"하하. 내가 책을 사랑해서 도서관을 중앙에 만드는 것은 아니란다. 학교에서 가장 중요한 것은 학문을 익히는 것이지. 그렇기 때문에 도서관이 가장 중요한 자리에 있는 것이란다. 책은 누구에게나 공평하지. 누구나 책을 읽는 만큼 훌륭한 사람이 될 수 있으니까."

"맞아요. 저도 할아버지 덕분에 어렸을 때부터 책과 가까워질 수 있었어요."

"하하, 고맙구나. 이번 대학교의 건물은 고대 그리스·로마 양식으로 지으려고 한다. 고대 그리스의 민주주의 정신이 건물에 배면 좋겠구나."

"정말 근사한 건물이 될 것 같아요. 고대 그리스·로마 양식으로 몇 가지 디자인을 생각해 볼게요."

제퍼슨의 손길이 닿은 건물들이 하나씩 하나씩 지어지기 시작했어요. 버지니아 대학의 모든 건물은 제퍼슨의 교육과 건축에 대한 신념을 바탕으로 만들어졌어요. 그 결과 버지니아 대학교는 건축물로서 중요성을 인정받아 1987년 몬티셀로와 함께 유네스코 세계 문화유산으로 지정되었답니다.

제퍼슨이 대학을 짓기 시작한 지 6년이 흐르고 나서야 완성되었어요. 드디어 버지니아 대학의 첫 강의가 시작되었어요. 1825년, 제퍼슨의 나이는 82세였지만 여전히 열정적이었어요. 제퍼슨은 버지니아 대학교가 기존의 대학과 다르기를 원했어요. 그는 버지니아 대학교의 교육 과정에도 관심을 가져 미국 어디에도 없던 제도를 만들어 냈어요.

그 제도란 선택 과목 제도예요. 당시 학생들은 대학교에서 정해 놓은 강의를 무조건 들어야만 했어요. 하지만 제퍼슨의 생각은 달랐어요. 학생들이 듣고 싶은 강의를 선택해서 들어야 공부의 효율이 올라갈 것이라고 생각했어요. 제퍼슨은 학생들이 원하는 강의를 선택해서 들을 수 있도록 선택 과목 제도를 만들었어요.

또한 당시에 미국은 교회 중심의 교육을 했어요. 제퍼슨은 교회와 종교의 영향을 안 받는 학교가 되기를 원했어요. 그는 예배당이 없는 학교

학업의 명예를 중시하는 버지니아 대학교

제퍼슨이 세운 버지니아 대학교는 현재 미국의 공립 대학교 중 늘 선두를 달리고 있으며, 우리나라 유학생들이 많이 진학하는 학교이기도 해요.

그런 버지니아 대학교의 유명한 전통 중 하나는 신입생들에게 "학생으로서 거짓말을 하거나 부정한 행위를 하거나 다른 사람의 물건을 훔치지 않겠다."는 서약을 하는 것이에요. 또, 과제물을 제출할 때에도

150여 년 동안 지켜진 명예 제도를 기념하기 위해 만든 명판

"나는 과제를 수행함에 있어 혼자서 과제를 수행하였고, 다른 사람의 도움을 받거나 준 적이 없습니다."라는 글귀를 적어야 한다고 해요.

이와 같은 제도를 명예 제도라 부르는데, 이 제도를 위반할 경우에는 학생 자치 재판에 의해 퇴학 처분을 받을 수 있다고 해요. 만약 잘못이 드러나지 않고 졸업한 경우에도 졸업한 지 2년이 지나지 않았다면 재판의 대상이 된다고 합니다. 만약 나중에라도 잘못이 사실로 드러나면 졸업장도 반납해야 한다고 하니 정말 학업의 명예를 중시하는 학교라는 것을 알 수 있지요.

를 설계했어요. 종교의 영향을 받으면 학문의 자유가 사라진다고 보았지요. 예배당보다 도서관이 중요한 학교를 만드는 것이 제퍼슨의 작은 소망이었어요.

'대통령으로 살았던 시절보다 버지니아 대학교를 세우는 지금이 더 내 마음을 들뜨게 하는구나. 나는 미국의 제3대 대통령으로 기억되기보다 버지니아 대학교의 아버지로 기억되고 싶다.'

제퍼슨은 버지니아 대학교를 아끼고 또 아꼈어요. 장차 이 학교에서 수많은 청년들이 진리와 학문을 닦게 될 것이라고 생각했어요. 이보다 더 가치 있는 일은 없을 것 같았지요.

버지니아 대학교는 이후 여러 대통령들의 후원으로 여러 단과 대학이 세워지며 발전하기 시작했어요. 버지니아 대학교에서 건축·철학·정치학·천문학 등 다양한 학문이 최초로 강의를 시작했어요. 19세기 중반까지 버지니아 대학교는 하버드 대학과 어깨를 나란히 하는 미국 최고의 대학으로 발전했답니다.

몬티셀로에 별이 지다

제퍼슨은 대통령에서 물러난 뒤로 몬티셀로의 구석구석까지 챙겼어요. 그가 소유한 몬티셀로 주변의 농장도 꾸준히 보살폈어요. 농장의 도구가 마음에 들지 않으면 좀 더 편리하게 고쳐서 사용했어요. 제퍼슨은 시간과

날짜를 한꺼번에 볼 수 있는 자동 시계를 발명했고, 몬티셀로에 자동문을 설치하기도 했어요. 그는 모든 일에 관심을 보였고, 생활에 필요한 것은 무엇이든 더 편리하고 실용적으로 바꾸어 나갔어요.

또한 제퍼슨은 자기 관리가 매우 철저한 사람이었어요. 그는 평생 자기 관리를 위한 철칙을 세우고, 항상 마음 깊이 새기고 실천하며 살았어요. 그는 죽음이 몇 달 앞으로 다가왔을 때에도 버지니아 대학교의 식물원을 설계할 정도로 열정적이었지요.

제퍼슨은 죽을 때까지 그의 영원한 안식처 몬티셀로를 가꾸었답니다. 정원에 심은 꽃과 나무의 종류와 생태적 변화를 기록하기도 했어요. 각 나라의 식물들을 들여와 정원에서 가꾸어 보고 잘 적응하는 식물을 주변에 소개하기도 했어요. 제퍼슨은 모든 분야에 궁금증을 가졌고 그 궁금증을 제일 먼저 해결하기 위해 노력했지요. 사람들은 다양한 방면에 지식을 갖춘 제퍼슨에게 늘 조언을 구했어요.

"제퍼슨 씨, 어느 포도주가 좋을지 추천 좀 해 주시겠어요?"

"우리 집에 새로 심은 나무에 꽃이 피었는데 무슨 꽃인지 좀 봐 주세요."

"새로 만들어 주신 농기계가 고장이 났네요. 한 번 살펴봐 주세요."

제퍼슨은 평생 열 가지가 넘는 분야에서 탁월한 실력을 발휘했어요. 그를 대표하는 직업인 대통령 이외에도 부통령, 버지니아 하원 의원, 대륙 회의 의원, 버지니아 주지사, 프랑스 주재 대사, 국무 장관 등 정치가와 행정가로서 재능을 보여 주었어요. 또 일생 동안 변호사, 발명가, 버지니아 대학 설립자 등의 직함을 가지고 있었어요. 정원을 꾸미는 원예와 고고학, 고생물학 등에도 전문가 못지않은 지식을 가지고 있었어요. 이 모든 것이 다양한 책을 섭렵한 그의 박학다식한 지식에서 나왔어요.

제퍼슨이 거의 평생을 지내며 직접 설계하고 건축한 저택 몬티셀로는 유네스코 세계 문화유산으로 지정되어 있으며, 몬티셀로 안에는 그가 평생 모은 수집품들과 그가 발명한 수많은 물건들이 지금도 자리를 지키고 있답니다.

1826년 제퍼슨은 급속도로 쇠약해져 갔어요. 그의 병세는 회복될 기미가 보이지 않았고, 7월이 되자 가족들도 제퍼슨의 죽음이 얼마 남지 않았다고 느끼게 되었어요.

결국 제퍼슨은 1826년 7월 4일 미국의 50번째 독립 기념일에 세상을 떠났어요. 자신이 쓴 독립 선언서에 서명했던 그날에 생을 달리한 것이에요.

생전에 제퍼슨은 자신의 무덤 위에 세워질 묘비에 어떤 글귀를 넣을지 고민했어요. 그리고 제퍼슨은 다음과 같은 글을 묘비에 남겼답니다.

제퍼슨의 묘비

미국 독립 선언서의 기초자이며,
버지니아 종교 자유법의 제안자,
그리고 버지니아 대학교의 아버지,
토머스 제퍼슨,
여기에 잠들다.

제퍼슨은 자신의 일생에 했던 수많은 일 중에 가장 잘한 일 세 가지를 위와 같이 손꼽았어요. 첫째는 미국 독립을 위한 독립 선언서를 기초한 것이고, 둘째는 미국 사회에 종교와 정치를 분리시킨 것이고, 셋째는 버지니아 대학교를 세운 일이었다고 말이에요.

죽음 이후 그가 세상에 끼친 영향

제퍼슨의 일생에서 가장 중요한 업적을 꼽자면 미국의 독립 선언서를 작성한 일이에요. 그는 독립 선언서에 '우리는 다음의 것을 자명한 진리라고 생각한다. 모든 인간은 평등하게 태어났고, 창조주로부터 몇 개의 양도할 수 없는 권리를 부여받았으며, 그 권리 중에는 생명과 자유와 행복의 추구가 있다. 이 권리를 지키기 위해 인간은 정부를 만들었으며, 정부의 정당한 권력은 인민의 동의로부터 나온다.'라는 구절을 썼어요.

이 구절은 훗날 흑인 노예제 폐지 운동과 백인 여성의 참정권 운동에 큰 영향을 끼쳤어요. 제퍼슨이 독립 선언서를 쓸 당시 미국에서는 백인 남자들만 사람 대접을 받았어요. 제퍼슨의 독립 선언서는 여성과 노예가 자신들의 자유를 찾기 위해 일어서는 근거가 되었어요.

제퍼슨이 죽기 3년 전 한 흑인 노예는 제퍼슨이 쓴 독립 선언서를 읽고 이런 말을 남겼어요.

"미국인들이여, 독립 선언서를 보세요. 당신들이 독립 선언서에 써 놓은 말들과 당신들이 우리에게 했던 잔인하고 무자비한 행동들을 한 번 비교하여 생각해 주었으면 좋겠네요."

제퍼슨은 일생에 걸쳐 흑인 노예에 대해 애처로운 마음을 가졌어요. 그는 여러 차례 흑인을 위한 법을 만들려고 노력하기도 했지요. 독립 선언서 초고에는 노예 무역의 부당함을 고발하기도 하였어요.

제퍼슨의 노력은 그가 죽은 뒤 더 빛을 발했어요. 백인들 중에 흑인 노예의 입장에 서서 노예제 폐지를 주장하는 사람들이 늘어갔어요. 그 때마다 제퍼슨의 독립 선언서는 중요한 증거가 되었어요. "모든 인간은 평등하게 태어났다." 제퍼슨의 독립 선언서에 담겨

미국의 노예 무역을 묘사한 그림

진 이 문장은 후일 차별을 당하는 모든 사람들에게 큰 힘이 되었어요.

흑인 노예들에 이어서 백인 여성들도 자신들의 권리를 찾기 위해 목소리를 높여가기 시작했어요. 그녀들도 제퍼슨의 독립 선언서를 자신들의 주장의 중요한 근거로 사용했어요. 그리고 다음과 같이 자신들의 입장을 주장했어요.

'우리는 다음의 것을 자명한 진리라고 생각한다. 모든 남녀는 동등하게 태어났으며, 창조주로부터 양도할 수 없는 권리를 부여받았으며, 그 권리 중에는 생명과 자유와 행복의 추구가 있다. 이 권리를 지키기 위해 인간은 정부를 만들었으며, 정부의 정당한 권력은 인민의 동의로부터 나온다.'

이 문장을 쓴 사람은 엘리자베스 케이디 스탠턴이에요. 그녀는 남자들이 세워 놓은 사회 질서에 정면으로 저항했어요. 여자들은 남자들의 소유물이 아니라 그 자체로 자유로운 존재라고 주장했어요.

　제퍼슨이 죽은 뒤 200년 가까이 지난 지금도 제퍼슨은 많은 미국인들에게 존경과 사랑의 대상이에요. 1934년 프랭클린 루스벨트 대통령의 주도로 제퍼슨 기념관이 만들어졌어요. 그리고 러시모어 산의 큰바위 얼굴에도 토머스 제퍼슨의 모습이 워싱턴, 링컨, 루즈벨트와 함께 미국에서 가장 위대한 대통령으로 우뚝 서 있답니다.

제퍼슨의 자기 관리 10계명

1 오늘 할 수 있는 일을 내일로 미루지 않는다.
제퍼슨은 언제나 맡은 일을 제 시간에 끝내려고 노력했어요. 내일로 미루면 그 일은 계속 미뤄질 것이라 생각했어요.

2 나 스스로 해결할 수 있는 일은 다른 사람에게 의존하지 않는다.
제퍼슨은 개인의 독립을 무엇보다 중요하게 생각했어요. 남에게 의존하지 않고 무엇이든 스스로 해결하는 사람이 독립적인 존재라고 보았어요.

3 내가 번 만큼만 쓴다.
제퍼슨은 한동안 빚 때문에 많이 힘들었어요. 너무 자기 자신을 믿은 나머지 쓸데없는 빚을 지게 되었고, 그 결과 혹독한 대가를 치르기도 했지요. 그래서 다시는 빚을 지지 않도록 노력했어요.

4 값이 싸다고 원하지 않는 물건을 구입하지 않는다.
제퍼슨은 자신에게 의미가 있고 꼭 필요한 물건만 구입했어요. 물건을 단순한 물질이 아니라 경험을 얻는 수단으로 여겼기 때문이에요.

5 자존심은 배고픔, 목마름, 추위보다 더 사람을 괴롭힐 수 있다.
제퍼슨은 미국의 첫 번째 국무 장관, 두 번째 부통령, 세 번째 대통령의 자리에 오르면서 자만한 사람들이 어떻게 무너지는지 수없이 목격했어요. 그는 자신의 오만한 자존심을 경계하려고 노력했어요.

6 적게 먹는 것을 후회하는 사람은 없다.
제퍼슨은 일생 동안 수없이 많은 파티를 열고, 맛있는 음식을 먹으며 많은 대화를 나눴어요. 그러나 그는 파티에서 늘 식사량을 절제하려고 노력했어요. 제퍼슨이 83세까지 장수할 수 있었던 것은 소식하는 습관이 큰 영향을 미쳤답니다.

7 즐겁게 하는 일은 하나도 어렵지 않다.
제퍼슨은 자신이 하는 일이 늘 잘 될 것이라는 확신을 가지고 살았어요. 자기 자신을 믿고 앞으로 나아가야만 뭐든지 성취할 수 있다고 생각했어요.

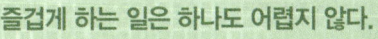

8 괜한 걱정은 마음을 아프게 한다.
제퍼슨은 미래의 일을 걱정하지 않았어요. 걱정하는 시간에 더 노력하고 긍정적으로 생각한다면 모든 일이 잘 해결될 것이라고 생각했어요.

9 일을 할 때에는 가장 저항이 없는 길을 선택한다.
제퍼슨은 다른 사람과 부딪히는 것을 원치 않았어요. 다른 사람의 생각을 미리 읽어 내고 준비하면 원활하게 원하는 목표를 이룰 수 있다고 생각했어요.

10 화가 날 때는 열까지 센 다음 말한다. 정말 화가 났을 때는 백을 센다.
제퍼슨은 감정적인 인간보다는 이성적인 인간이 되려고 노력했어요. 인간의 이성을 믿었던 것이죠. 감정만 앞세우면 더욱 나쁜 상황이 될 것이라고 생각했어요. 감정을 가라앉히고 주변 사람과 갈등을 줄여가는 것이 성공으로 가는 길이라고 믿었답니다.

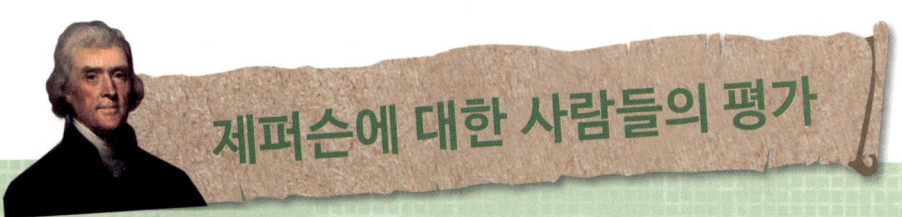

제퍼슨에 대한 사람들의 평가

조지 위드

"멘토를 뛰어넘은 책벌레 제자"

버지니아 주의 윌리엄스버그 출신 변호사로 일할 때 제퍼슨을 만났어요. 제퍼슨은 나를 멘토로 삼고 잘 따랐죠. 내가 법학 이외에도 다양한 분야에 관심이 많고, 정치에서도 뛰어난 실력을 발휘하는 것을 보면서 제퍼슨도 법과 정치에 꿈을 갖게 되었어요. 나도 책을 무척 좋아했지만, 제퍼슨은 나를 능가했어요. 우리는 서로 토론도 하고 영감을 주고받으면서 정치적 동반자가 되어 갔답니다. 그리하여 제퍼슨과 함께 미국 독립 선언서에 서명도 하였지요. 나의 제자들 중에는 대통령, 대법원장, 상·하원 국회의원 등 내로라하는 제자들이 많지만, 그 중 제퍼슨이 가장 자랑스럽답니다.

"노예 제도에 문제를 제기한 첫 인물"

제퍼슨은 '사람 밑에 사람 없고 사람 위에 사람 없다', '모든 사람은 신 앞에 평등하다.'며 만인이 평등하다고 주장했어요. 하지만 흑인의 입장에서 볼 때 제퍼슨이 말한 '인간의 권리'는 백인의 부르주아나 중산층 이상의 계급에만 해당되었던 것 같아요. 그는 죽기 전까지도 자신의 노예들을 해방하지 않고 소유하고 있었거든요. 당대에 노예 제도를 폐지하지 않은 것은 유감이지만, 노예 무역을 금지하도록 함으로써 지금의 인종과 계층 차별이 없는 평등한 사회로 발전할 수 있도록 계기를 만든 것은 다행스러운 일입니다.

흑인 대표

"신고전주의에 공헌한 건축물의 설계자"

버지니아 대학교

제퍼슨은 자신의 집인 몬티셀로와 버지니아 주의회 의사당, 버지니아 대학교 등을 건축했어요. 대부분 고대 그리스와 로마의 건축물처럼 신전 같은 분위기를 풍겨요. 그래서 이 건축의 양식을 일러 '신고전주의'라고 해요. 제퍼슨은 민주주의의 발상지였던 고대 그리스의 건축 양식이야말로 미국의 민주주의를 나타내는 데 적합하다고 생각해 이 같이 설계했어요. 미국 건축가 협회는 버지니아 대학교를 미국 건축 역사상 가장 중요한 작업이라고 칭송했고, 몬티셀로와 버니지아 대학교는 뛰어난 건축미로 1987년 유네스코 세계 문화유산으로 등록되었어요.

"미국의 가장 훌륭한 대통령"

1927년에 새겨진 러시모어 산의 큰 바위 얼굴의 주인공인 우리는 미국 사람들의 사랑을 받았던 대통령들로 기억되고 있지만, 그 중에서도 제퍼슨은 미국 건국의 아버지로 가장 혁신적인 인물로 존경을 받고 있답니다. 기존의 국가관이 막강한 권력이 집중된 정부였던 데 반해, 제퍼슨은 미국을 국민이 권력의 주인이 되는 나라로 탈바꿈시켜 민주주의 제도의 전 세계적인 모범이 되도록 했지요.

러시모어 산 바위에 새겨진 미국 대통령들

이 책에 실린 그림과 도판들

〈프라이-제퍼슨 지도〉, 조슈아 프라이와 피터 제퍼슨, 1751년

〈윌리엄 스몰 초상화〉 틸리 캐틀, 1765년, 윌리엄 앤 메리 대학교, 미국

〈제1차 대륙 회의〉 그레인저 컬렉션, 미국

〈렉싱턴 전투〉, 아모스 두리틀·랠프 얼, 1775년, 뉴욕 공립 도서관, 미국

〈토머스 페인 초상화〉, 로랑 다보, 1791년

〈존 로크 초상화〉 고트프리 넬러, 1697년, 호턴 홀, 영국

〈요크타운 전투에서의 콘월리스〉, 존 트럼불, 1820년, 워싱턴 국회 의사당, 미국

〈크리스토퍼 콜럼버스의 신대륙 도착〉, L. Prang & Co., Boston, 1893년, 의회 도서관, 미국

〈바스티유 감옥〉, 장피에르 우엘, 1789년, 프랑스 국립 도서관

〈워싱턴 대통령의 취임식〉, 뉴욕역사박물관, 미국

〈지휘관에게 작별 인사하는 워싱턴〉, 알론조 채플, 1880년, 국립 문서기록보관소, 미국

연방파와 공화파의 1798년 싸움, 의회 도서관, 미국

〈애런 버 초상화〉, 존 벤덜린, 1802년, 뉴욕역사박물관, 미국

1800년의 백악관, 의회 도서관, 미국

〈제임스 매디슨〉, 존 벤덜린, 1816년, 백악관 역사 협회, 미국

등사기, 제퍼슨 기념관, 미국

〈워싱턴 방화〉, G. 톰슨, 1814년, 의회 도서관, 미국

〈안드레아 팔라디오 초상화〉, 잠바티스타 마간차, 1576년

《노예, 혹은 아치 무어의 회고록》의 1852년 영국 런던판 수록 그림 사본, 필라델피아 도서관 회사, 미국

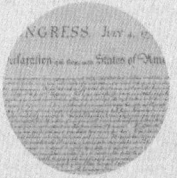

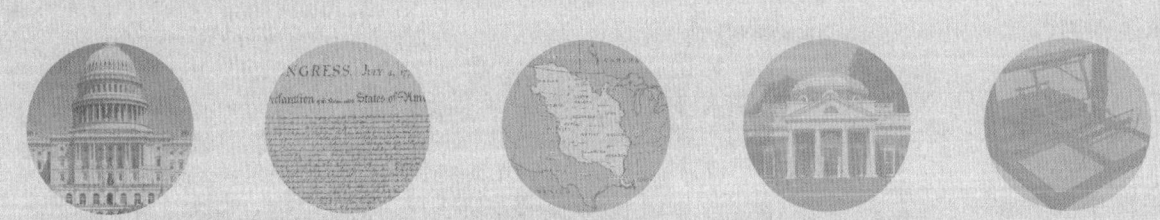